校企合作经济管理精品教材
互联网＋教育改革新理念教材

ERP 沙盘原理

主　编　李　伟　刘旭东　刘　丹
副主编　鲍　凯　陈桂才

中国商业出版社

图书在版编目（CIP）数据

ERP 沙盘原理 / 李伟，刘旭东，刘丹主编. -- 北京：中国商业出版社，2024. 8. -- ISBN 978-7-5208-3081-2

Ⅰ. F232

中国国家版本馆 CIP 数据核字第 2024ED5316 号

责任编辑：黄世嘉

中国商业出版社出版发行

（www.zgsycb.com 100053 北京广安门内报国寺1号）

总编室：010-63180647 编辑室：010-63033100

发行部：010-83120835/8286

新华书店经销

北京宝莲鸿图科技有限公司印刷

*

787毫米×1092毫米 16开 13.75印张 311千字

2024年8月第1版 2024年8月第1次印刷

定价：45.00元

* * * *

（如有印装质量问题可更换）

前言 PREFACE

本书以新道新商战电子沙盘为教学工具，系统地阐述了 ERP 沙盘的两种主要形式，即物理沙盘和电子沙盘。这两种形式极大地促进了该教学模式的发展，深受诸多院校欢迎。据不完全统计，自 21 世纪初以来，已有超过 1000 所高等院校的财经类专业开设此课程，多所院校将本课程作为财经类专业的必修课，让学生重点学习。

ERP 沙盘模式教学的核心内容是构建一个模拟的市场环境，将一个教学班的学生分成若干团队，每个团队经营一家工业企业，从事多个连续会计年度的经营活动，综合运用战略、市场、财务、生产、采购和商业间谍等多个领域知识，解决企业经营过程中遇到的各类典型问题，低成本快速积累更多的专业知识，同时提高管理者所需的能力与素质。

随着 ERP 沙盘模拟教学的普及，很多院校师生急需一本实用性强的教材，编者在 ERP 沙盘模拟实训教学和全国大学生竞赛过程中也深感其必要性，因此编者结合教学及竞赛经验完成了本教材。其中资源包括：

新商战物理沙盘盘面详解，以图文并茂的方式更直观地展现沙盘模拟经营，剖析企业的经营本质，帮助学生树立全局观念；

新商战电子沙盘运营规则详解，各类财务数据表格编制，让学生在经营企业过程中逐步掌握财务知识；

基于编者多年来的教学及指导学生竞赛经验，总结出多套 ERP 沙盘模拟经验策略，包括市场分析、财务预算、财务报表编制、成本计算、如何更有效地实现利润最大化等内容。

本书由李伟、刘旭东、刘丹担任主编；鲍凯、陈桂才担任副主编；具体编写分工如下：李伟负责编写第三章、第四章；刘旭东负责编写第五章、第六章；刘丹负责编写第一章、第二章；第七章、第八章由鲍凯、陈桂才共同编写。全书由李伟总纂并统稿。

本书可用于各类院校的 ERP 沙盘模拟实训教学，也可作为参赛选手的参考书。

在本书编写过程中，参考和引用了许多相关的著作，在此谨向有关作者致以诚挚的谢意。由于编者水平有限，书中难免存在不足之处，恳请广大师生读者提出宝贵意见，以期日后完善。

编 者

2024 年 4 月

目录 CONTENTS

第一章 ERP沙盘模拟简介 …… 1

第一节 ERP（企业资源计划）概述 …… 1

第二节 ERP沙盘模拟运营 …… 3

第二章 制造企业各部门主要工作内容及业务流程 …… 9

第一节 财务部门 …… 9

第二节 市场部门 …… 10

第三节 生产部门 …… 11

第四节 采购部门 …… 12

第五节 CEO简介 …… 12

第三章 仿真企业经营初始数据及运营规则 …… 15

第一节 仿真企业经营基础情况 …… 15

第二节 沙盘模拟运营规则及道具介绍 …… 19

第三节 沙盘模拟运营初始状态设定 …… 34

第四章 仿真企业物理沙盘模拟运营操作 …… 38

第一节 教学年（第零年）运营 …… 38

第二节 物理沙盘模拟运营第一年 …… 72

第三节 物理沙盘模拟运营第二年 …… 77

第四节　物理沙盘模拟运营第三年 …… 83
第五节　物理沙盘模拟运营第四年 …… 89
第六节　物理沙盘模拟运营第五年 …… 95
第七节　物理沙盘模拟运营第六年 …… 101

第五章　仿真企业电子沙盘模拟运营操作 …… 108

第一节　教师指导平台操作使用说明 …… 108
第二节　学生训练平台操作使用说明 …… 132
第三节　电子沙盘运营规则与市场预测 …… 157

第六章　仿真企业电子沙盘实战演练 …… 165

第一节　电子沙盘实战演练第一年 …… 165
第二节　电子沙盘实战演练第二年 …… 168
第三节　电子沙盘实战演练第三年 …… 170
第四节　电子沙盘实战演练第四年 …… 173
第五节　电子沙盘实战演练第五年 …… 176
第六节　电子沙盘实战演练第六年 …… 179

第七章　ERP沙盘模拟运营战略规划 …… 183

第一节　企业模拟运营过程中的战略选择 …… 183
第二节　沙盘模拟的典型策略类型 …… 189

第八章　仿真企业经营绩效评价与分析 …… 191

第一节　市场视角分析 …… 191
第二节　财务视角分析 …… 195
第三节　企业综合视角评价 …… 209

参考文献 …… 211

第一章 ERP沙盘模拟简介

第一节 ERP（企业资源计划）概述

案例导入

ERP并非高深莫测，它可能就发生在我们身边。下面通过一个家庭请客吃饭的例子，来帮助大家理解ERP的主要工作内容及业务流程。

1. 丈夫请客吃饭（签订合同）

一天中午，丈夫在外给妻子打电话："亲爱的老婆，晚上我想带几个同事回家吃饭，可以吗？"（订货意向）

妻子："当然可以，来几个人，几点来，想吃什么菜？"（了解客户需求）

丈夫："5个人，我们19:00左右到家，准备些酒、烤鸭、番茄炒蛋、凉菜、蛋花汤……你看可以吗？"（商务沟通，发出订单）

妻子："没问题，我会准备好的。"（订单确认）

2. 安排晚饭计划

（1）确定菜谱（ERP中的MPS，即主生产计划）

妻子记录下需要做的菜（主生产计划），罗列出需要准备的东西：鸭、酒、番茄、鸡蛋、调料……

（2）确定原料采购种类与数量（ERP中的MRP，即物料需求计划）

妻子发现晚餐需要：1只鸭，5瓶酒，4个番茄，10个鸡蛋（炒蛋需要6个鸡蛋，蛋花汤需要4个，共用物料）。打开冰箱一看（库房存货检验），只剩下2个鸡蛋（缺料），由此得出所需要采购的种类与数量，或制订采购计划。

3. 买菜（ERP中的采购与库存管理）

妻子到自由市场买菜。

妻子："请问鸡蛋怎么卖？"（采购询价）

小贩："1个1元，半打5元，一打9.5元。"（报价）

妻子："我只需要8个，但这次买一打。"（经济批量采购）

妻子："这有 1 个坏的，换 1 个。"（验收、退料、换料）

4. 做饭（ERP 中的生产管理）

回到家中，妻子准备洗菜、切菜、炒菜……（安排工艺线路）。厨房中有燃气灶、微波炉、电饭煲（工作中心）。

妻子发现拔鸭毛最费时间（确定瓶颈工序、关键工艺路线），用微波炉自己做烤鸭可能来不及（产能不足），于是决定在楼下的餐厅里购买（产品委外加工）。

下午 4 点，电话铃声再次响起，儿子打电话说："妈妈，晚上几个同学想来家里吃饭，你帮忙准备一下。"（紧急订单）

妈妈："好的，你们想吃什么？爸爸晚上也有客人，你愿意和他们一起吃吗？"（了解客户需求）

儿子："我们想吃鸡腿堡、可乐和鸡块，我们不和大人一起吃，18:30 左右回来。"（拒绝并单处理，紧急采购）

妈妈："好的，肯定让你们满意。"（订单确认）

18:30，一切准备就绪，可烤鸭还没送来，妻子急忙打电话询问："我是李太太，怎么预订的烤鸭还没送到？"（采购委外单跟催）

"不好意思，送货的人已经走了，可能是堵车吧，很快就会赶到的。"

门铃响了："李太太，这是您要的烤鸭，请在单上签个字。"（验收、入库、转应付账款）18:45，女儿打来电话说："妈妈，我想现在带几个朋友回家吃饭，可以吗？"（又是紧急订购意向，要求现货）

妈妈："不行呀，女儿，今天妈妈已经需要准备两桌饭了，时间实在是来不及。非常抱歉，下次早点说，一定给你们准备好。"（这就是 ERP 的使用局限，要有稳定的外部环境，需要一定的提前期）

5. 算账（ERP 中的财务系统）

送走了所有客人，疲惫的妻子坐在沙发上对丈夫说："亲爱的，现在咱们家请客的频率非常高，应该买些厨房用品了（设备采购，增加产能），最好再雇用一个保姆。"（人力资源系统接口）

丈夫："家里你做主，需要什么你就去办吧！"（通过审核）

妻子："还有，最近家里花销太大，用你的私房钱来补贴一下，好吗？"（资金预算，应收贷款的催要）

接着，妻子拿着计算器，准确地计算出今天的各项费用（成本核算）共计 254 元，同时罗列出节余原材料（车间退料），并记入了日记账（总账），最后把结果念给丈夫听（向领导报告）。

丈夫："值得，花了 254 元，请了好几个朋友，情感账户增加了若干（经济效益分析），今后这样的晚宴还会经常举办……你就全权处理吧！"（预测公司未来发展）

从上述实例可以看出，ERP 就是一个对企业资源进行有效共享与利用的系统。通过将企业内部所有资源整合在一起，对采购、生产、成本、库存、销售、运输、财务、人力资源等进行规划和优化，从而达到最佳资源组合，获取更高利润。

ERP 的核心是实现企业三大计划（销售计划、采购计划、生产计划）的平衡。

ERP 系统是将企业所有资源进行整合集成管理，也就是将企业的三大流（物流、资金流、信息流）进行全面一体化管理的管理信息系统。它不仅可用于生产企业，而且可用于一些非生产、公益性的企业。

ERP（企业资源计划）是一种管理理念，是建立在信息技术的基础上，用系统化的管理思想为企业决策层及员工提供决策运行手段的管理平台。ERP 的理论发展历程大致经历了以下五个阶段。

1）20 世纪 40 年代：为解决库存控制问题，人们提出了订货点法，当时计算机还没有出现。

2）20 世纪 60 年代：随着计算机系统的发展，使得短时间内对大量数据的复杂运算成为可能，人们为解决订货点法的缺陷，提出了物料需求计划（Material Requirement Planning，MRP）理论。

3）20 世纪 70 年代：随着人们认识的加深及计算机系统的进一步普及，MRP 的理论范畴得到了发展。为解决采购、库存、生产、销售的管理问题，人们发展了生产能力需求计划、车间作业计划及采购作业计划。

4）20 世纪 80 年代：随着计算机网络技术的发展，企业内部信息得到充分共享，MRP 的各子系统也得到了统一，形成了一个集采购、库存、生产、销售、财务等于一体的子系统，发展了 MRP Ⅱ 理论。

5）20 世纪 90 年代：开始由面向企业内部资源的全面计划管理思想转变为如何有效利用和管理整体资源的管理思想，ERP 理论随之产生。

第二节　ERP 沙盘模拟运营

一、ERP沙盘概述

（一）沙盘的由来与发展

“沙盘”一词源于军事，是一种根据地形图、航空照片或实地地形，按一定的比例关系，用泥沙、兵棋和其他材料堆制的模型。沙盘具有立体感强、形象直观、制作简便、经济实用等特点。沙盘的发展经历了以下 3 个阶段。

1. 阶段一：在军事中应用

沙盘最早源于军事用途，是古代的将帅指挥作战的用具，在研究地形、敌情、作战方案，组织协调动作和实施训练时使用。

在我国，沙盘的运用具有悠久的历史。《史记·秦始皇本纪》中记载：“以水银为百川江河大海，机相灌输，上具天文，下具地理。”据说，秦国在部署灭六国时，秦始皇亲自堆制沙盘来研究各国的地理形势，在李斯的辅佐下，派大将王翦带兵作战，最终实现一统天下的鸿鹄大志。另据《后汉书·马援列传》记载，东汉建武八年（公元 32 年），汉光武帝征讨陇西的隗嚣，召名将马援商讨进军战略。马援对陇西一带的地理情况非常熟悉，就用米堆成一个与实地地形相似的模型，从战术上做了详尽的分析。光武帝刘秀看后，高兴地说：“虏在吾目中矣！”（敌人尽在我的眼中了！）

在国外，沙盘最早出现于1811年。当时，普鲁士国王腓特烈·威廉三世的文职军事顾问冯·莱斯维茨，用胶泥制作了一个精巧的战场模型，用不同颜色把道路、河流、村庄和树林分别标示出来，用小瓷块代表军队和武器，陈列在波茨坦皇宫里，用来进行军事游戏。后来，莱斯维茨的儿子利用沙盘、地图表示地形地貌，用各种标志表示军队和武器的配置情况，按照实战方式进行策略谋划。这种“战争博弈”就是现代沙盘作业的雏形。

19 世纪末和 20 世纪初，沙盘主要用于军事训练，在军事上取得了极大的成功。战争沙盘模拟推演通过红、蓝两军在战场上的对抗与较量，使作战指挥员不需要亲临现场就能清晰地总揽全局，发现双方战略战术上存在的问题，从而运筹帷幄，做出最优的决策。沙盘节省了实战演习的巨大经费开支，不受士兵演习时间与空间的限制，因而在世界各国得到广泛运用。

2. 阶段二：在教学中应用

沙盘模拟训练课程最初由瑞典皇家理工学院的科拉斯·梅兰（Klas Mellan）开发，其特点是采用体验式培训方式，遵循“体验—分享—提升—应用”的过程，以达到学习的目的。之后被不断改进与完善，相继开发出针对企业首席执行官（CEO）、首席财务官（CFO）等职位的沙盘演练课程，成为许多知名跨国企业如国际商业机器公司（IBM）、摩托罗拉公司（Motorola）等的培训方式。这种方式直观形象、生动有趣，引起了高等院校的广泛关注，也使该课程迅速风靡全球。目前沙盘演练课程被世界 500 强的企业确定为中高层管理者必上的培训课程，也成为欧美商学院 EMBA（高级管理人员工商管理硕士）的培训课程。

20 世纪 90 年代，沙盘模拟类培训课程被引入我国，率先在企业的中高层管理者培训中使用并快速发展。其中，最典型的便是以原汁原味的课程为特色的深圳市竞越企业顾问有限公司、以拓展互动为特色的北京人众人科技发展有限公司，这些公司使原本成熟的课程体系进一步融入了中国企业的经营特色，更贴近企业的实际。沙盘模拟教学模式较早被北京大学、清华大学、中国人民大学、浙江大学等多所高等院校纳入 MBA（工商管理硕士）、EMBA 及中高层管理者在职培训的教学之中，深受学员喜爱。1995 年，北京大学开始研发中文界面的企业竞争模拟软件。后来几经改进，该模拟软件在 2003 年全国 MBA 培养院校企业竞争模拟比赛中使用。但是计算机模拟仍有其局限性，如模拟空洞、过于抽象、互动性不强等。21 世纪初，用友、金蝶等软件公司相继开发出了 ERP 沙盘模拟演练的教学版，将它推广到高等院校。现在，越来越多的高等院校为学生开设了 ERP 沙盘模拟课程，并且取得了很好的效果。

3. 阶段三：在各行各业广泛应用

沙盘经过不断的使用，不再局限于军事和教学，在社会经济生活的各个领域也得到广泛推广和应用，比如在城市规划、房地产开发、旅游景区设计等领域，通过沙盘模型的立体画面感直观形象充分展示其特点。而随着现代信息技术的发展，出现了能够实时反映客观对象情况的电子沙盘，促使沙盘向自动化、多样化的方向发展。

电子沙盘也称数字沙盘，是集遥感、动态投影、3D 动画、地理信息系统、虚拟现实等技术于一体的高端展览展示设备。电子沙盘解决了传统实体沙盘表现能力差的问题，可以采用 3D 动画模拟出真实的地形地貌、建筑、道路、自然环境等，可采用程序实现地形动态分析、漫游、标注等交互功能，克服了实体沙盘占地面积大、携带不方便、表现内容单调且难以更新等缺点。因此，电子沙盘被越来越广泛地应用于房地产、工程施工、水利电力、航空、企业展馆、城市规划、军事等行业。

电子沙盘一般包括以下三种类型。

1）触摸式电子沙盘。触摸式电子沙盘以传统沙盘为基础，增加了红外感应设备、计算机、音响设备、显示设备（可选）。观众可以用手指或棍子指点沙盘上的各个位置，红外感应设备可以立刻将被点击位置的坐标信息传送至计算机，计算机会将该位置的介绍性内容以声音、视频的方式进行播放，为观众提供详细的点对点的说明介绍。

2）三维虚拟仿真电子沙盘。三维虚拟仿真电子沙盘是一种基于可计算信息的沉浸式交互环境，具体来说，就是采用以计算机技术为核心的现代高科技手段生成逼真的视听一体化的特定范围的虚拟环境，用户借助必要的设备（鼠标、方向盘等外部配件）以自然的方式与虚拟环境中的对象进行交互作用、相互影响，从而产生亲临现实环境的感受和体验。其主要优势为：不受场地限制，视觉效果更为逼真，具有很强的交互性。

3）投影电子沙盘。投影电子沙盘采用以计算机技术为核心的现代高科技手段生成逼真的三维图像模型，借助投影显示设备或其他显示设备把计算机上的三维或四维图像模型显示到台面上。具体来说，投影电子沙盘就是将模拟的三维立体影像精确投影到实体模型的相应位置，与实体沙盘的演示相映生辉，使沙盘的演示效果更加形象、生动；还可以是桌面投影、地面投影、墙面投影显示等，参观者以自然的手势动作与大屏幕投影的三维模型交互作用，多方位、多层次浏览查询，从而快速获取简明、精确、逼真的动态信息。

如今沙盘模型也被用于心理治疗领域。沙盘游戏治疗是目前很流行的心理治疗方法。在幼儿园和中小学校，它被广泛应用于儿童和青少年的心理教育与心理治疗；在大学和成人的心理诊所，它也深受欢迎，通过唤起童心，让人们找到回归心灵的途径，进而解决身心失调、社会适应不良、人格发展障碍等问题。可以说，随着时间的推移，沙盘必将进入生活的更多方面，为生活带来更多的便利。

（二）ERP沙盘的含义

ERP 是英文 Enterprise Resource Planning 的缩写，译为企业资源计划，其核心就是利用先进的理念和工具，对企业所有的资源进行优化配置，从而最优地达成企业目标。简单来说，就是将企业的三大流——物流、资金流、信息流进行全面集成的管理和优化。而 ERP 沙盘，是企业资源计划沙盘的简称，即利用实物沙盘直观、形象地展示企业的内部资源和外部资源。ERP 沙盘可以展示企业的主要物质资源，包括厂房、设备、仓库、库存物料、资金、职员、订单、合同等各种内部资源；还可以展示企业上下游的供应商、客户和其他合作组织，甚至展示为企业提供各种服务的政府管理部门和社会服务部门等外部资源。一般来说，ERP 沙盘展示的重点是企业内部资源。

二、ERP沙盘模拟运营的意义

ERP 沙盘模拟运营将角色扮演、案例分析和专家诊断融为一体，最大的特点是人们可在参与中学习，整个过程无限接近企业经营现状。ERP 沙盘模拟运营主要涉及整体战略、产品研发、设备投资改造、生产能力规划与排程、物料需求计划、资金需求规划、市场与销售、财务经济指标分析、团队沟通与建设等多个方面的内容。企业模拟运营沙盘实训过程如图 1-1 所示。

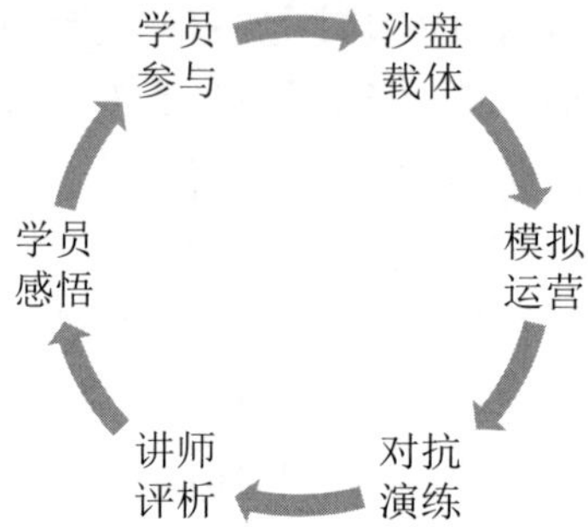

图 1-1　企业模拟运营沙盘实训过程

通过企业模拟运营沙盘对抗，学员要在模拟出来的这几年中，在客户、市场、资源及利润等方面进行全面较量。这种模拟运营有助于学员形成宏观规划、战略布局的思维模式。通过这一模拟，学员可对生产企业各环节的业务达成一致的理性及感性认识，形成共通的思维模式，形成促进沟通的共同语言。企业模拟运营沙盘对抗可帮助学员站在高层领导的角度认清企业运营状况，了解企业中物流、资金流、信息流如何做到协同统一，认识到 ERP 系统对于提升公司的管理价值；可帮助学员站在中层经理的角度了解整个公司的运作流程，提高全局和长远策略意识，了解各部门决策对企业业绩的影响，同时理解如何用 ERP 系统处理各项业务和由此带来的决策的准确性；可帮助学员站在一线主管的角度认识到企业资源的有限性和企业一线生产研发等部门之间的紧密联系，从而提升其策略性思考的能力，提高与下属沟通的技巧；可帮助学员站在企业员工的角度从市场、财务、业务、工作流程等相关方面深入理解企业资源运营。

三、ERP沙盘模拟运营的教学过程

（一）设置情境角色

ERP 沙盘模拟运营的基础背景，一般设定为一家刚成立的制造型企业。把参加训练的学员分成若干个小组，每个小组由 5 名学生组成，分别担任企业运营中需要的各个管理人员角色，一般包括 CEO、营销总监、运营总监、采购总监、财务总监等主要角色，当人数较多时，还可以适当增加财务助理、总经理助理以及商业间谍等辅助角色。在几年的运营过程中，学生可以进行角色互换，从而体验角色转换后考虑问题出发点的相应变化，也就是学会换位思考。教师可以指定 2~3 名学生担任银行客户经理、原材料供应商、客户、设备提供商等角色，负责贷款、原材料购买、产品交货、设备采购等事务的处理。教师则在对抗中担任指导者和执法者的角色，通过指导学生演练并根据学生在现场的实际操作情况，动态分析成败的原因和关键因素，帮助学生将在操作过程中获得的感性体验升华为理性认识。

（二）学习相关理论知识

在 ERP 沙盘模拟运营中，需要综合运用多门学科的理论知识，包括战略管理、营销管理、生产运作管理、财务管理、人力资源管理、信息情报管理等。在企业正式开始运营之前，教师需要引导学生对已学的相关专业理论知识和方法进行回顾，使其在 ERP 沙盘模拟运营过程中自觉运用相关理论知识来解决企业运营中的实际问题，真正做到学以致用，理论与实践相结合。

（三）熟悉经营规则

ERP 沙盘模拟运营有一整套规则，包括：市场划分与市场准入；销售会议与订单争取；厂房购买、出售与租赁；生产线购买、转产、维修与出售；产品生产；产品研发与 ISO 认证；融资贷款与贴现。这些规则是模拟企业进行日常运营的约束条件，是企业发展和市场竞争必须遵守的行为规范。所有受训学生必须在模拟运营开始之前认真学习规则、熟悉规则，并在实际运营过程中严格遵守规则。

（四）起始状态设定

ERP 沙盘模拟企业的运营是从创建之初开始的，这是模拟企业的起点。让所有小组处于同一起点，初始状态是一致的。基于沙盘盘面的运营规则，制定相应的财务报表，受训学生可以清楚地了解该企业的基本情况，为模拟企业接下来的运营做好准备。

（五）教学年运营预演练

为了让受训学生熟悉 ERP 沙盘模拟运营的流程、规则，以及物理沙盘和电子沙盘的操作方法，教师需要带领学生进行为期一年的预演练，该年度被称为教学年。在教学年运营中，教师将统一制定模拟企业的年度规划，统一投放广告额度，各模拟公司获得相同的订单，受训学生也将严格按照企业运营流程表中的流程进行运营。在运营完成之后，要求各小组独立完成教学年的综合费用明细表、利润表和资产负债表的填列工作。教师针对学生在完成以上3个财务报表过程中遇到的问题进行指导，为学生开始正式运营做准备。

（六）正式运营对抗演练

模拟企业正式运营是 ERP 沙盘模拟运营中最重要的部分，由学生自主完成，教师充当指导者和执法者的角色，指定同学充当裁判角色。正式运营按年度展开，每个运营年度又分为 4 个运营季度。ERP 沙盘模拟运营通常要求学生完成 6 年的企业运营，每个运营年度的运营流程依次是：市场信息收集与分析—召开年度规划会议—广告投放与订单选取—制订企业年度计划（包括年度生产计划、原材料采购计划、产品研发计划、市场开拓计划、现金预算计划、筹资计划等）—执行年度运营—编制财务报表—年度运营总结。

（七）学员总结与教师点评

学生在 ERP 沙盘模拟运营的学习中要想获得理想的学习效果，必须及时对运营过程中的经验和教训进行总结。每个运营年度完成以后，教师都要结合专业理论知识和每个模拟企业的实际情况，针对普遍存在的问题和典型案例进行解析；学生要深刻反思成在哪里、败在哪里，竞争对手情况如何，是否需要对企业战略进行调整。全部模拟运营结束后，要求模拟企业完成企业运营成果总结和个人岗位职责履行情况总结，并形成总结演示文稿，在总结会上进行汇报，让参与学员相互分享成功经验和总结失败教训。

四、ERP沙盘模拟运营的教学工具

（一）物理沙盘

物理沙盘由各种用于 ERP 模拟的实物道具组成，每个模拟企业都配备一套实物沙盘道具，包括一张沙盘盘面、不同颜色的彩币（红色、黄色、蓝色、绿色）、现金币（灰色）、空桶、产品标识、生产线标识、生产资格证、市场准入证、ISO 资格证、订单等。

（二）电子沙盘

ERP 电子沙盘是模拟企业运营活动的软件系统，是基于流程的互动经营模式的模拟运营平台。该系统与物理沙盘相结合，继承了 ERP 实物沙盘直观形象的特点，同时实现了运营流程控制、财务报表核对、运营成果分析、融资以及交货等业务的自动化，将教师从选单、数据录入、现场监控、财务报表核对等事务性工作中解放出来，将教学重点放在对学生运营过程的指导和分析总结上。

第二章

制造企业各部门主要工作内容及业务流程

在制造企业中主要设置五个基本职能部门（可根据学生人数适当调整），设置相应职位，其主要职责如表 2-1 所示。各组学员可以根据自己的专长选择不同的职能部门，当人数较多时，可设置各助理职位，如财务助理等。

表 2-1　各职位职责明细表

职能部门	财务部门	市场部门	生产部门	采购部门	CEO
职位	财务总监	营销总监	生产总监	采购总监	CEO
职责	日常财务记账和登账	市场调查分析	产品研发管理	编制采购计划	发展战略制定
	向税务部门报税	市场进入策略	管理体系认证	供应商谈判	竞争格局分析
	提供财务报表	品种发展策略	固定资产投资	签订采购合同	经营指标确定
	日常现金管理	广告宣传策略	编制生产计划	监控采购过程	业务策略制定
	企业融资策略制定	制订销售计划	平衡生产能力	仓储管理	全面预算管理
	成本费用控制	争取订单与谈判	生产车间管理	采购支付抉择	团队协同管理
	资金调度与风险管理	按时交货	成品库存管理	与财务部门协调	企业绩效分析
	财务分析与协助决策	销售绩效分析	产品外协管理	与生产部门协调	管理授权与总结

第一节　财务部门

一、财务总监的职能

财务是企业的命脉，财务总监应紧跟企业的发展方向管理运营资金，保证企业资金的安全和有效运用。同时，财务总监应时时保障企业所有者的权益。

财务总监应根据企业上一年的运营状况，做好本年度财务预算，制订合理的贷款方案，安排好广告费的投入、订单选择、生产计划、厂房购买等的资金支出，合理控制企业现金的流动。

二、财务总监的工作内容

1）日常财务记账和登账。

2）向税务部门报税。根据税前利润的 25% 计算出当期应缴纳的所得税，于下一年年初向税务部门缴纳。

3）提供财务报表。在每一年年末运营结束后填制综合费用明细表、利润表和资产负债表。

4）日常现金管理。填制现金收支明细表，记录每期的现金收入和支出情况，对现金流量进行管理与统计。

5）企业融资策略制定。企业融资包括短期贷款（简称“短贷”）和长期贷款（简称“长贷”），财务总监应根据企业上一年的运营状况，做好本年度财务预算，制订合理的贷款方案，在每个季度的季初完成短期贷款工作，在每年年末完成长期贷款工作。

6）成本费用控制。填制现金预算表，在企业经营之前预见经营过程中可能出现的现金短缺或盈余，合理安排资金的筹集和使用；同时，通过预算，对企业的规划及时进行调整，防止出现由于资金断流而破产的情况。

7）资金调度与风险管理。根据现金预算表，合理调度资金，对超出资金预算部分的支出按照企业经营策略及时制订修改计划，防范管理风险。

8）财务分析与协助决策。

第二节　市场部门

一、营销总监的职能

企业的营销能力是其盈利的保证，而企业的目的就是盈利，因此营销总监的重要性不言而喻。企业只有做好营销才能赚钱，如果企业只生产产品，却无法销售出去，不仅赚不到钱，可能还要面临破产。营销总监就是要充分利用市场对产品和服务的需求来销售产品，从而为公司创造利润。

二、营销总监的工作内容

1）市场调查分析。市场调查分析非常重要，它是企业经营最开始的部分，是制定企业战略的前提。

2）市场进入策略。根据商业预测表对企业未来六年的市场需求进行预测，依据准确的市场分析做出正确的市场定位。

3）品种发展策略。根据商业预测表对企业未来六年的市场需求进行预测，依据准确的市场分析制定适合企业的品种发展策略。

4）广告宣传策略。根据企业制定的市场进入策略和品种发展策略，于每年年初分市场、分产品投放广告，扩大企业产品的影响力。

5）制订销售计划。

6）争取订单与谈判。营销总监通常会代表企业参加订货会，争取销售订单。但为了从容应对竞单过程中可能出现的各种复杂情况，企业也可由营销总监与 CEO 或采购总监一起参加订货会。竞单时，应当根据企业的可接订单数量选择订单，尽可能按企业的产能争取订单，使企业生产的产品在当年全部销售出去。

7）按时交货。

8）销售绩效分析。

第三节　生产部门

一、生产总监的职能

在 ERP 沙盘模拟运营中，生产总监的职责主要是配合其他部门。生产总监应按照企业制订的规划，根据产品研发合理安排生产线，尽量减少维修费和折旧费，并向市场总监提供产能。每次订货会结束后，生产总监应根据订单量合理调整生产线，实现产品销量及库存剩余的最优化，及时传给采购总监。同时，生产总监要确定原材料库存和在途情况及生产线的结构，向财务提供各种费用明细，为财务预算做准备。

二、生产总监的工作内容

1）产品研发管理。生产总监需要做出研发哪几种产品的决策，确定从什么时候开始研发哪些产品。企业确定好研发产品的品种后，需要考虑从什么时候开始研发以及研发什么产品的问题。

2）管理体系认证。生产总监需要做出开发何种认证的决策，如 ISO 9000 或者 ISO 14000。

3）固定资产投资。生产总监要在运营之前协助 CEO 制订出固定资产投资计划（即生产线的建线计划），和 CEO 商讨在什么时候给什么产品建什么样的生产线。

4）编制生产计划。确定产品投产的时间和投产的品种，还可以预计产品完工的时间，从而预计产品投产需要的加工费和原材料。

5）平衡生产能力。根据取得的订单平衡各条生产线的生产能力，做到生产的有效衔接，不闲置、不浪费。

6）生产车间管理。

7）成品库存管理。

8）产品外协管理。

第四节　采购部门

一、采购总监的职能

采购是企业生产的首要环节，是指用货币资金购买各种劳动对象（即材料物资）作为生产储备。采购总监负责各种原材料的及时采购和安全管理，确保企业生产的正常进行。同样，在 ERP 沙盘模拟运营中，采购总监负责制订采购计划并为生产做好后勤保障，确保在合适的时间采购合适的原材料品种及数量，并进行原材料库存的数据统计与分析。

二、采购总监的工作内容

1）编制采购计划。采购总监编制材料采购计划，依据生产与用料的关系，根据产品的投产数量推算各种产品投产时需要投入的原材料数量，根据该信息确定企业需要采购什么、什么时间采购、采购多少等。

2）供应商谈判。

3）签订采购合同。

4）监控采购过程。

5）仓储管理。

6）采购支付抉择。

7）与财务部门协调。

8）与生产部门协调。

第五节　CEO 简介

一、CEO概念

CEO 是企业的核心领导，在 ERP 沙盘模拟运营中决定着企业发展的前景和命脉。企业的每一步经营都在 CEO 的掌控下，CEO 负责把握全局和监控全局。CEO 应当具备的素质有：其一，协调和控制小组成员的能力，是小组的最终决策人；其二，积极听取其他队员的意见，并能比较不同方案之间的优势和劣势；其三，要有决断力，当不同意见出现时，要能当机立断，拿出能说服队员的数据，平息不同意见。

二、CEO的工作内容

1）发展战略制定。

2）竞争格局分析。

3）经营指标确定。

4）业务策略制定。

5）全面预算管理。

6）团队协同管理。

7）企业绩效分析。

8）管理授权与总结。

制造企业的业务流程及各部门之间的关系如图 2-1 所示。

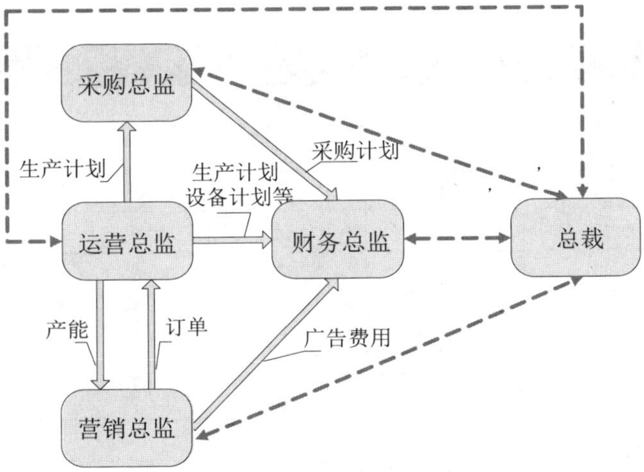

图 2-1 制造企业的业务流程及各部门之间的关系

在图 2-1 中，采购部门和生产部门主要负责从原料市场上获得企业所需的人力、物料、技术、设备，通过企业生产部门的生产制造，生产出产品，然后将产品卖给客户，主要负责物流运营工作；实现原材料、半成品、成品及相关信息由商品的产地到商品的消费地所进行的计划、实施和管理的全过程。财务部门是承担企业财务会计职能的组织部门，主要负责随商品实物及其所有权的转移而发生的资金往来，即承担着资金流的运营管理职责；从企业外部获得资金，支出资金获得原料并生产出产品，将产品售卖给顾客回收资金。市场部门是承担企业市场营销的组织部门，通过交易产品满足市场需求、创造利润，主管市场信息流的运营管理；采用各种方式来实现信息交流，包括信息的收集、传递、处理、储存、检索、分析等渠道和过程。各个部门紧密联系、协调配合，共同完成企业的运营。

ERP 沙盘模拟运营可帮助学员分别站在高层领导的角度、中层经理的角度、一线主管的角度、企业员工的角度，从市场、财务、业务、工作流程等相关角度深入理解企业资源运营。在 ERP 沙盘模拟运营之前，要将所有的学员分成若干个团队。团队就是由少数有互补技能，愿意为了共同的目的和业绩目标而相互承担责任的人组成的群体。在每个团队中，各学员分别担任重要职位，包括 CEO、营销总监、生产总监、采购总监、财务总监、出纳等。在运营过程中，团队的合作是必不可少的。要想打造一支高效的团队，需要有一位团队型的领导和具有互补能力的团队成员，只有团队成员履行好各自的职责，向着共同的目标努力，才有可能在激烈的竞争中取得成功。

你想知道自己在团队中适合扮演什么角色吗？想知道适合自己的岗位吗？快来完成下面的心理测评吧。

心理测评

在苍茫的大海上，有一艘游轮载着16个人在游玩，突然狂风暴雨袭来，游轮触礁即将沉没。海上巡逻飞机发现了这艘游轮，遂派一只救生艇过来执行紧急救援。由于时间紧急，游轮即将沉没，登上救生艇的顺序将决定游轮上人员的生命安全。以下人员生命将交由大家决策。

人员角色	性　别	年龄（岁）	A	B	|A-B|
1. 船长	男	45	1	1	2
2. 船员甲	男	30	2	2	4
3. 船员乙	男	28	3	3	6
4. 船员丙	男	23	4	4	8
5. 副省长	男	62	5	5	10
6. 副县长	女	39	6	6	12
7. 副县长儿子	男	12	7	7	14
8. 海洋学家	男	52	8	8	16
9. 生物学家	女	33	9	9	18
10. 生物学家女儿	女	3	10	10	20
11. 公安甲	男	40	11	11	22
12. 公安乙	女	34	12	12	24
13. 罪犯（孕妇）	女	29	13	13	26
14. 医生	男	44	14	14	28
15. 护士	女	23	15	15	30
16. 因公负伤的重患者（昏迷）	男	26	16	16	32
合计	—				

注：“A”表示小组成员个人偏好排序，可用阿拉伯数字表示；“B”表示小组成员讨论后整体排序；|A-B|之和，建议推选为小组CEO。

请同学们根据测评结果以及自己的特长或爱好，选择合适的岗位。确定好之后，请将名字填在下表中。

公司名称：

职　位	姓　名
CEO	
财务总监	
生产总监	
营销总监	
采购总监	

第三章 仿真企业经营初始数据及运营规则

第一节　仿真企业经营基础情况

一、仿真企业经营概况

在 ERP 沙盘模拟运营中，仿真企业是一个生产制造型企业，生产的产品用 P 表示，有 P 系列产品 Pl、P2、P3、P4 和 P5。企业长期以来一直专注于某行业 P 产品的生产与经营，目前生产的 P1 产品在本地市场知名度很高，客户满意度高。同时，企业拥有自己的生产用地，资金充裕，随时可以开始运营。

最近，一家权威机构对该行业的发展前景进行了预测，认为 P 产品将从目前的相对低水平发展为高技术产品。为此，公司董事会及全体股东决定将企业交给一批优秀的新人，他们希望新的管理层做出以下改变：投资新产品的开发，使公司的市场地位得到进一步提升；开发本地市场以外的其他新市场，进一步扩展市场领域；扩大生产规模，采用现代化生产手段，提高生产效率。新的管理团队必须要打破传统，创新经营模式，才能创造良好的经营业绩，达到公司董事会及全体股东的期望。

二、仿真企业经营环境

目前，该企业生产制造 P1 产品，均在本地市场销售。董事会和股东认为，本地市场以外的其他市场有较多发展机会，亟待新的管理层去开发。同时，P1 产品虽然在本地市场的知名度很高，但要进一步提升市场地位，企业必须进行新产品的研发。在生产设施方面，企业目前的生产设施状态良好，但是要完成新的发展目标，就需要配置新的、先进的生产设施。企业可能需要购置厂房以及新的生产线。

在行业发展状况方面，P1 产品技术水平较低，虽然近几年需求比较旺盛，但随着新产品的出现，需求量会逐渐下降。P2 产品是 P1 产品的技术改进版，在一定时间内会因为技术改进上的优势带来需求量的增加，但随着新技术的出现，其需求量会逐渐下降。P3 产品和 P4 产品是两种全新技术的产品，发展潜力较大。据权威机构调研预测，未来 6 年各个市场的产品需求和产品价格将呈现较大的差异。具体如图 3-1 和图 3-2 所示。

这是由一家权威的市场调研机构对未来 6 年各个市场的需求的预测，这一预测有很高的可信度。但是否根据这一预测进行企业的经营运作，将由各企业自定。

P1 产品是目前市场上的主流技术，P2 作为对 P1 的技术改良产品，也比较容易获得大众的认同。

P3 产品和 P4 产品作为 P 系列产品里的高端技术，各个市场上对它们的认同度不尽相同，需求量与价格也会有较大的差异。

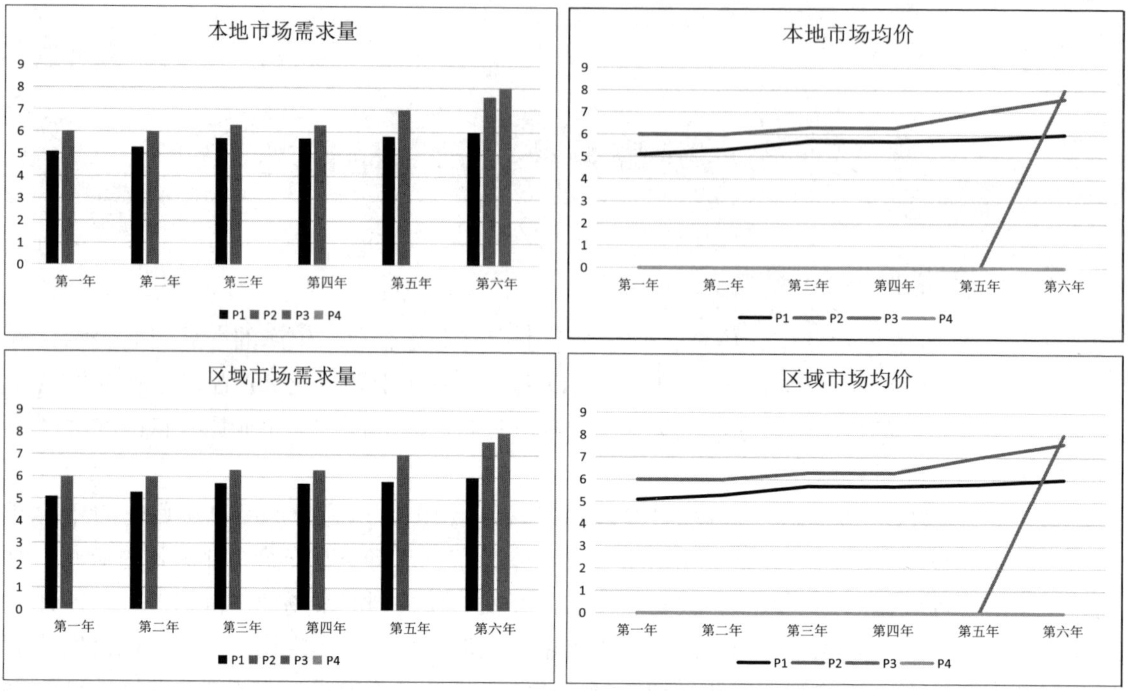

图 3-1　本地市场预测和区域市场预测

如图 3-1 所示，本地市场将会持续发展，客户对低端产品的需求量可能要减少。伴随着需求量的减少，低端产品的价格很有可能会逐步走低。随着高端产品的成熟，市场对 P3 产品、P4 产品的需求量将会逐渐增加。同时，随着时间的推移，客户的质量意识将不断提高，可能会对厂商是否通过 ISO 9000 认证和 ISO 14000 认证有更多的要求。

区域市场的客户对 P 系列产品的喜好相对稳定，因此市场需求量的波动也很有可能会比较平稳。因其紧邻本地市场，所以产品需求量的走势可能与本地市场相似，价格趋势也应大致一样。该市场的客户乐于接受新事物，因此对高端产品比较有兴趣，但由于地域的限制，该市场的需求总量非常有限。并且这个市场上的客户相对比较挑剔，因此在后几年客户会对厂商是否通过 ISO 9000 和 ISO 14000 认证有较高的期待。

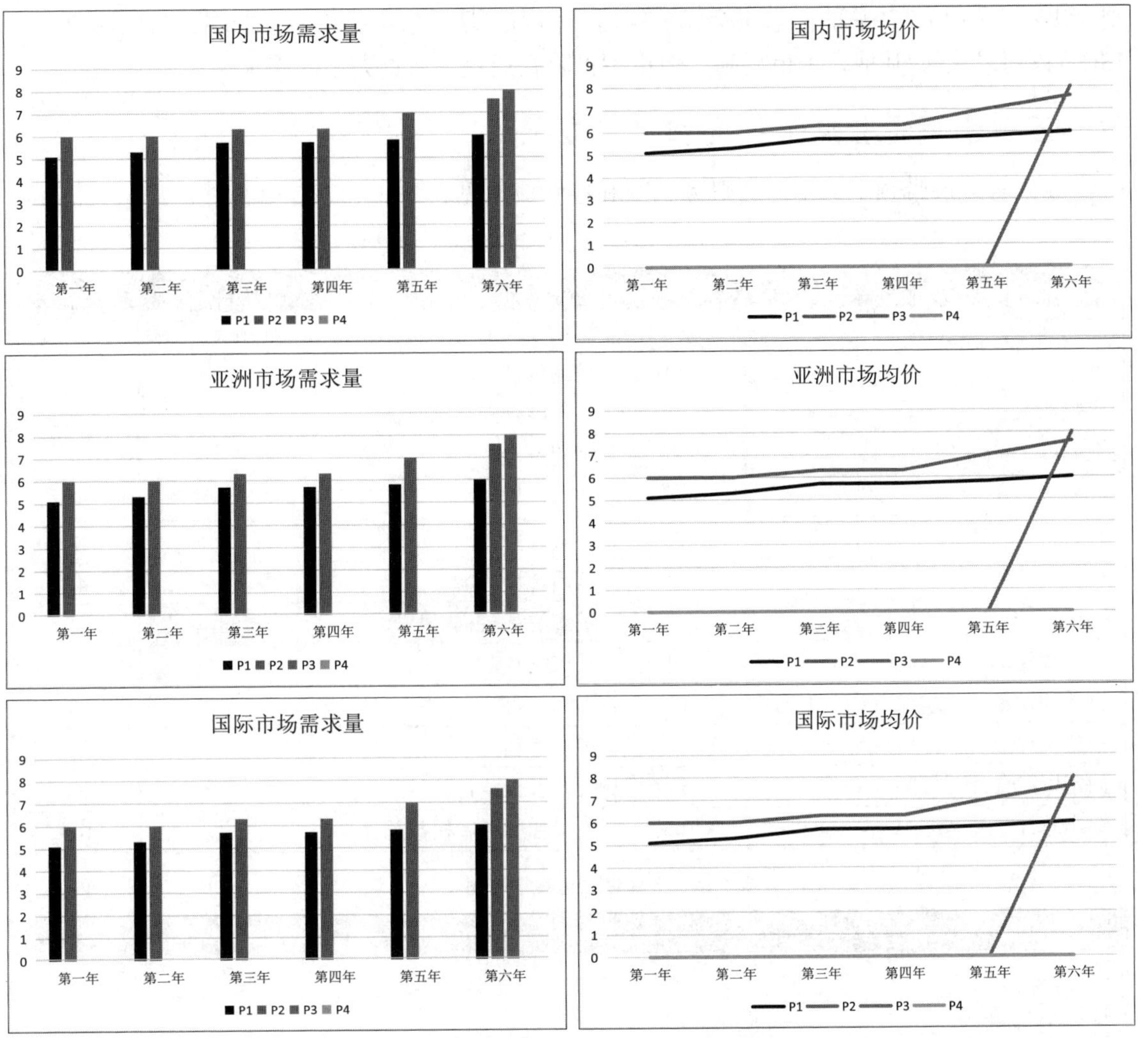

图 3-2　国内市场、亚洲市场和国际市场预测

如图 3-2 所示，因 P1 产品带有较浓的地域色彩，估计国内市场对 P1 产品不会有持久的需求。但 P2 产品因为更适合国内市场，估计需求量会一直比较平稳。随着对 P 系列产品新技术的认同，估计对 P3 产品的需求量会越来越大，但这个市场上的客户对 P4 产品却并不是很认同。当然，对于高端产品来说，客户一定会更注重产品的质量。

亚洲市场上的客户喜好一向波动较大，不易把握，所以对 P1 产品的需求量起伏较大，估计 P2 产品的需求量走势也会与 P1 相似。但该市场对新产品很敏感，因此估计对 P3、P4 产品的需求量会越来越大，价格也可能不菲。另外，这个市场的消费者很注重产品的质量，所以在后几年里，如果厂商没有通过 ISO 9000 和 ISO 14000 的认证，其产品可能很难销售。

如上图所示，进入国际市场可能需要一个较长的时间。有迹象表明，目前这一市场上的客户对 P1 产品有所认同，需求也会比较旺盛。对于 P2 产品，客户将会谨慎地接受，但仍需要一段时间才能被市场所接受。对于新兴的技术，国际市场上的客户将会以观望为主，因此对于 P3 产品和 P4 产品的需求将会发展缓慢。因为产品需求主要集中在低端，所以客户对于 ISO 的要求并不如其他几个市场高，但也不排除在后期会有这方面的需求。

三、仿真企业财务状况和经营成果

在原管理层带领下，企业的财务状况和经营成果见表 3-1 和表 3-2。

表 3-1 仿真企业起始年资产负债表

单位：M

资　产		起始年	负债和所有者权益		起始年
流动资产：			负债：		
现金	+	20	长期负债	+	40
应收账款	+	15	一年内到期长期负债	+	0
在制品	+	8	短期负债	+	0
成品	+	6	应付账款	+	0
原料	+	3	应交税费	+	1
流动资产合计	=	52	负债合计	=	41
固定资产：			所有者权益：		
土地和建筑	+	40	股东资本	+	50
机器和设备	+	13	利润留存	+	11
在建工程	+	0	年度净利	+	3
固定资产合计	=	53	所有者权益合计	=	64
资产总计	=	105	负债和所有者权益总计	–	105

表 3-2 仿真企业起始年利润表

单位：M

项　目		起始年
销售收入	+	35
直接成本	–	12
毛利	=	23
综合费用	–	11
折旧前利润	=	12
折旧	–	4
支付利息前利润	=	8
财务收入 / 支出	+/ –	4
其他收入 / 支出	+/ –	0
税前利润	=	4
所得税	–	1
净利润	=	3

第二节　沙盘模拟运营规则及道具介绍

一、沙盘模拟运营规则

企业的正常运营涉及筹资、投资、生产、营销、研发、物流等多个方面。企业要想在市场竞争获得胜利，就要掌握各种运营规则，并能够熟练应用，避免失误。因此，在开始模拟运营前，应该熟练掌握模拟运营规则。在讲解规则及后期运营中，会用一些字母代替文字，其中“M”代表金额单位“百万元”，即1M为100万元，2M为200万元，以此类推；“Q”代表季度，即1Q为1个季度，2Q为2个季度，有时也代表第一季度或第二季度，以此类推；“Y”代表年份，1Y1Q代表第一年第一季度，1Y2Q代表第一年第二季度，以此类推。

（一）市场规则

1. 市场准入与ISO认证规则

企业要想更好地生存和发展，就要对市场有充分的了解和把握，哪个企业赢得了市场，就意味着赢得了竞争。因此，企业要了解整个市场的细分情况，并掌握市场准入规则。

（1）市场细分与市场准入规则

所谓市场细分就是把市场分割成具有不同需求、性格或行为的购买群体，并针对每个购买群体采取单独的营销策略。在ERP沙盘模拟运营中，我们将市场按地域进行划分，市场被细分为本地市场、区域市场、国内市场、亚洲市场和国际市场。每个地域又按照产品类型划分为P1市场、P2市场、P3市场、P4市场和P5市场。

企业要想进入某个市场，需要投入一定的资金和时间。不同的市场，企业需投入的资金和时间也是不同的。企业只有在开拓了该市场之后，才能在此市场上进行产品销售。

目前，仿真企业已经开拓了本地市场，并在此市场上进行P1产品的经营，可开拓的市场还有区域市场、国内市场、亚洲市场和国际市场，开拓各个市场所需的费用和时间等相关规则见表3-3。

表3-3　市场准入规则

市　场	开拓费用 /M	投入时间 / 年	投入方式 /（M/ 年）
本地市场	1	1	1
区域市场	1	1	1
国内市场	2	2	1
亚洲市场	3	3	1
国际市场	4	4	1

注意：

1）市场可以全部开拓，也可以选择部分市场进行开拓，各市场可以同时开拓。

2）市场开拓费用按开拓时间在年末平均支付，不能加速投资，资金短缺时可中断，后期资金宽裕时，若想继续开拓，只需在原有投入基础上继续追加投资即可。

3）市场开拓完成后，取得相应的市场准入证。之后不需要再投入市场维护资金。

4）市场开拓费用的投入时点虽在年末，但企业已经酝酿了一年，表示其开拓活动的时间已经投入了 1 年，以区域市场开拓举例，企业在第一年年末为开拓区域市场支付 1M，那么该企业在第二年年初即可在区域市场上为产品销售投放广告。

5）市场开拓费用计入当年的综合费用。

（2）ISO 认证规则

随着市场和客户对产品质量和环境保护问题的日益重视，ISO 认证在市场营销中的地位越来越重要。ISO 认证包括 ISO 9000 和 ISO 14000 的认证，具体的认证规则见表 3–4。

表 3–4　ISO 认证规则

ISO 项目	研发时间 / 年	所需投资 /M	投入方式 /（M/ 年）
ISO 9000	2	2	1
ISO 14000	2	4	2

注意：

1）企业可以进行 ISO 9000 和 ISO 14000 两项认证，也可以选择其中一项进行认证，认证投资可同时进行。

2）按年支付认证费用。

3）相应投资完成后才能取得相应的 ISO 资格证，后续不需要再投入维护资金。

4）认证投资费用计入当年的综合费用。

2. 广告投放与订单选取规则

从 ERP“以销定产”的理念中，我们可以深刻认识到销售订单的重要性，而企业想要最大限度地争取适合自己的销售订单，在模拟运营中主要依靠广告投放，因此企业有必要掌握广告投放和订单选取的相关规则。

（1）广告投放规则

企业每年年初进行一次广告投放，广告费要分市场、分产品进行投放，并填写广告竞标单，见表 3–5。

表 3–5　广告竞标单　　单位：M

第　组	本地市场	区域市场	国内市场	亚洲市场	国际市场
P1					
P2					
P3					
P4					

注意：

1）企业只有开拓了某个市场、具有某种产品的生产资格，才能结合产能和自己的发展策略在该市场上为该产品投放广告。例如，某企业目前已经开拓了本地市场和国内市场，并且具有 P1 产品和 P3 产品的生产资格，那么就可以为争取本地 P1 产品、本地 P3 产品、国内 P1 产品和国内 P3 产品的销售订单而分别投放广告，填写如表 3-6 所示的广告竞标单。

表 3-6 某企业广告竞标单 单位：M

第 A 组	本地市场	区域市场	国内市场	亚洲市场	国际市场
P1	1		7		
P2					
P3	3		5		
P4					

2）广告费每投入 1M 有一次选取销售订单（简称“选单”）的机会，以后每增加 2M 可增加一次选单机会。广告费用计算组合为（1+2n）M。例如，企业为争取本地 P1 产品的销售订单投入 7M 广告费，表示企业在本地市场上有 4 次选单的机会，最多可以拿到 4 张销售订单。但是，企业最终能拿到几张销售订单取决于当年的市场订单数量和竞争情况。

3）市场老大每年投入 1M 即可第一个选单。

（2）订单选取规则

每年初各企业的销售经理与客户见面并召开订货会议，根据市场地位、市场投入、市场需求及竞争态势，按规定程序选取订单。上一年的销售额决定市场排名，不投广告不能拿订单。选单规则如下。

第一年按照广告投放量由大到小选单；如果广告投放量相同，按照投放广告的时间先后选单。

以后年度市场老大（上一年销售额排名第一位者）首先选单；在当前市场上，若上一年销售额相同，按该项产品在该市场上的广告投放量依次选单；如果广告投放量相同，则当前市场全部产品的总广告投放量较高者先选单；如果总广告投放量仍然相同，按照投放广告的时间先后选单。

注意：

1）订货会一年只召开一次，即每个企业只有年初一次争取销售订单的机会。例如，某企业在年初的订货会上只拿到两张订单，那么该公司在当年的经营过程中不再有其他获取订单的机会，当这两张订单都交货后，就不再有其他订单和机会创造收入。

2）市场老大每年投入 1M 广告费即可第一个选单，但是市场老大若想争取两次或者更多次选单机会，仍要遵循（1+2n）M 的广告费投入规则。

（3）订单种类

企业可选取的订单主要有普通订单、加急订单和 ISO 订单三类。

1）普通订单。普通订单要求在一年之内任何季度交货即可。普通订单的样式如图 3-3 所示。订单上的应收账期表示客户收货时付款的交付方式。例如，0 账期表示客户采用现金付款，企业按订单交货即可按照销售金额收到现金；4Q 表示客户采用赊购方式，企业按订单交货后收到的是 4 个季度的应收账款。

第 5 年	国际市场	CP2-2/3
产品数量：	4	P2
产品单价：	7	M/个
总 金 额：	28	M
应收账期：	4 Q	

图 3-3　普通订单

2）加急订单。加急订单要求必须在当年第一季度交货。加急订单一般在订单右下角标注“加急”字样，如图 3-4 所示。

第 6 年	国内市场	DP1-5/5
产品数量：	1	P1
产品单价：	4	M/个
总 金 额：	4	M
应收账期：	2 Q	
		加急！！！

图 3-4　加急订单

3）ISO 订单。ISO 订单要求只有取得订单标注的 ISO 资格证的企业才有资格挑选。ISO 订单一般在订单左下角标注“ISO 9000”或“ISO 14000”字样，如图 3-5 所示。

第 6 年	区域市场	RP3-1/5
产品数量：	3	P3
产品单价：	9.3	M/个
总 金 额：	28	M
应收账期：	3 Q	
ISO 14000		

图 3-5　ISO 订单

注意:

1）企业在选单后应根据订单上的信息填写订单登记表，见表3-7。订单登记表可以全面、清晰地体现企业订单选取情况，有助于企业合理安排当年度的生产和经营，也便于经营结束后财务总监编制利润表。

表3-7 订单登记表

项 目	订单号					总 数
市场						
产品						
数量/个						
账期/季度						
订单销售额/W						
成本/W						
毛利/W						
是否交货（√/×）						

2）企业必须按照订单规定的数量整单交货。

3）所有订单必须在规定期限内按订单数量交货。出现逾期交货时，需支付违约金，违约金为订单金额的20%，四舍五入取整。

（二）生产规则

1. 生产线规则

在ERP沙盘模拟运营中，共提供了四种不同的生产线：手工线、租赁线、自动线和柔性线。这四种生产线在购买价格、安装周期、生产周期、转产周期和维护费等方面各不相同，具体规则见表3-8。

表3-8 生产线相关规则

生产线类型	购买价格/M	安装周期/Q	支付方式/（MQ）	生产周期/Q	转产周期/Q	转产费用/M	加工费/M	残值/M	维护费/M
手工线	5	0	5	2	0	0	1	2	1
租赁线	0	0	0	1	1	2	1	0	– 10
自动线	15	3	5	1	1	2	1	3	2
柔性线	20	4	5	1	0	0	1	4	2

（1）生产线类型

1）手工线。手工线是一种低技术含量的生产线，其优点是购买价格低，安装周期短，没有转产周期和转产费用，生产灵活；缺点是生产周期长，生产效率低，1条手工线一年能生产出1个或2个产品。

2）租赁线。与手工线相比要先进一些。其不需要支付购买价格，无须安装周期，生产周期比手工线短，与自动线和柔性线相当。但是每年需支付高额的维护费用（可以将此项维护费理解为租金）。生产安排不是很灵活，同一条租赁线想要转产其他产品时，需要支付转产费用，并且要等转产周期进行完才可以实施。1 条租赁线一年能生产出 3 个或 4 个产品。

3）自动线。自动线是一种高效率的先进生产线，其最大的优点是生产周期短，生产效率高，1 条自动线一年能生产出 3 个或 4 个产品；缺点是购买价格较高，安装周期较长，生产安排不灵活，转产时需要支付转产费用且要等转产周期进行完。

4）柔性线。柔性线是一种灵活的高效率的先进生产线。柔性线的生产周期和生产效率与自动线一样，1 条柔性线一年能生产出 3 个或 4 个产品。其相对于自动线的优势在于，没有转产周期和转产费用，可以灵活安排生产，因此柔性线的购买价格也是所有生产线中最高的。

（2）新建生产线

在 ERP 沙盘模拟运营中，企业可以根据自身发展需要投资新建生产线，以扩大生产规模，提高产能，增加销售收入。

1）企业新建生产线所需的购买价格不是一次性支付的，而是在安装周期内均匀支付的，生产线在全部投资完成后的下一个季度建成，可以开始生产。例如，企业在第一年第二季度开始新建一条自动线，其自动线投资情况和状态见表 3–9。

表 3–9　某自动线投资情况和状态

时　间	生产线投资 /M	生产线状态	投　产
第一年第一季度			
第一年第二季度	5	新建	不能
第一年第三季度	5	在建	不能
第一年第四季度	5	在建	不能

再如，企业在第一年第一季度开始新建一条自动线，该条自动线的投资情况和状态见表 3–10。

表 3–10　某自动线投资情况和状态

时　间	生产线投资 /M	生产线状态	投　产
第一年第一季度	5	新建	不能
第一年第二季度	5	在建	不能
第一年第三季度	5	在建	不能
第一年第四季度		建成	可以
第二年第一季度			可以

2）若企业出现资金短缺，可以暂停生产线建设投资，企业在资金充裕后，可以恢复生产线建设，但是需要按季完成全部投资后才能投入使用。

3）生产线在建成时要确定该条生产线上生产的产品类型，并且只能选择企业已经获得生产资格的产品。

4）新建成的生产线可以投产，也可以根据企业情况延期使用。

（3）生产线转产

每种生产线都能生产所有产品，现有生产线转产新产品可能需要一定转产周期及转产费用。租赁线和自动线需要停产一定周期，并支付转产费用；手工线等和柔性线在转产时不需要停产及支付费用。假如当前企业拥有一条生产线生产 P2 产品，如果想用该条生产线生产 P3 产品，那么首先要保证这条生产线上没有在制品、处于闲置状态，其次需要根据生产线的类型，按照规则支付一定的转产费用、等待一定的转产周期，而不需要将此生产线卖掉再重新购买一条生产线。例如，仿真企业准备将原本生产 P2 产品的自动线转为生产 P3 产品，在第二年第一季度该自动线上的 P2 产品下线后，根据规则，让该生产线空闲 1 个季度，同时企业需要支付 20W/Q 的转产费，支付 1 个季度之后才能转产 P3 产品。该生产线有关转产的操作见表 3-11。

表 3-11　模拟企业自动线转产相关操作

时　间	生产产品类型	支付转产费 /M
第一年第四季度	P2	
第二年第一季度	（P2 下线）空闲	2
第二年第二季度	P3	
第二年第三季度		

（4）生产线维护

只要是建成的生产线，无论是手工线、租赁线、自动线还是柔性线，无论该生产线是在生产中、转产中还是停产中，都需要在每年年底支付其相应的维护费。当年在建和出售的生产线不需要支付维护费。例如，企业现在有 3 条手工线和 1 条自动线，在当年第一季度新建 1 条自动线，在第四季度出售 1 条手工线。那么，根据规则和表 3-10 可知，新建的自动线在当年第四季度处于在建状态，不需要支付维护费，出售的手工线在年末已经不属于企业的机器设备，也不需要支付维护费，企业仅需对 2 条手工线和 1 条自动线支付 3M 的维护费。

（5）生产线计提折旧

生产线作为企业的固定资产需要计提折旧。为计算简便，在 ERP 沙盘模拟运营中对所有的生产线均采用年限平均法计提折旧，折旧额 =（原值 − 残值）/ 使用年限。手工线按照 3 年计提折旧，自动线、柔性线按照 4 年计提折旧。当年建成的生产线不计提折旧，当年卖出的生产线计提折旧。各类型生产线计提折旧情况见表 3-12。

表 3-12　生产线计提折旧情况

单位：M

生产线	购买价格	残值	建成第一年	建成第二年	建成第三年	建成第四年	建成第五年	建成第六年
手工线	5	2	0	1	1	1	0	0
租赁线	0	0	0	0	0	0	0	0
自动线	15	3	0	3	3	3	3	0
柔性线	20	4	0	4	4	4	4	0

注意：

按每条生产线个别计提，提到残值不再计提折旧，生产线可继续使用。

（6）生产线出售

当企业因为资金紧张或生产线更新换代等原因不需要某条生产线时，可以将其出售，出售时要遵循以下规则：

1）出售某条生产线时，该生产线上应没有在制品，生产线处于闲置状态；

2）出售某条生产线时，售价为该类型生产线的残值。如果生产线净值大于残值，将相当于残值的部分转换为现金，净值与残值的差额部分计入损失（综合费用表中的“其他”）。

注意：

当企业在资金紧张情况下试图通过出售生产线来摆脱破产困境时，务必先计算出售生产线对企业所有者权益造成的影响。根据规则，企业出售生产线只能按照残值出售，被出售的生产线如果已经计提折旧到残值，那么该项出售行为会给企业带来相当于残值的现金流入，对企业利润不造成影响，不会影响到企业的所有者权益。但是如果企业出售的是一条尚未计提折旧到残值的生产线，该生产线的净值大于残值，则该项出售活动在给企业带来相当于残值的现金流入的同时，会产生处置损失，导致企业利润下降，进而导致企业所有者权益下降。此时，出售生产线或许会缓解企业资金断流的压力，却也有可能导致企业因所有者权益小于 0 而破产。因此，当企业资金紧缺时，要选择何种筹资方式，需要综合考虑和权衡。

2. 厂房规则

在 ERP 沙盘模拟运营中，如果企业要扩大生产规模，就需要拥有厂房来安装生产线。有关厂房的购买、租赁和出售规则，见表 3-13。

表 3-13　厂房购买、租赁和出售规则

厂房类型	买价 /M	租金 /（M/ 年）	卖价 /M	生产线容量 / 条
大厂房	40	4	40（4Q）	4
中厂房	30	3	30（4Q）	3
小厂房	18	2	18（4Q）	2

注意：

1）企业目前只拥有生产用地，大厂房、中厂房、小厂房可以通过购买或租赁使用。

2）每年在季中决定厂房是购买或租赁，若购买厂房，购买后将购买价放在厂房价值处，厂房在使用过程中不计提折旧；若租赁厂房，租赁以年为单位。

3）购买的厂房可进行出售，卖价与买价相同，出售时无法按照卖价取得现金，只能获得相应金额的4Q的应收账款。若企业急需现金，可将厂房出售后立即贴现，具体操作见应收账款贴现规则部分。

3. 产品研发规则

在ERP沙盘模拟运营中，企业生产和销售的是P系列产品，按照技术含量由低到高分别为P1产品、P2产品、P3产品、P4产品。企业若想生产和销售产品，需要先进行产品的研发。具体的研发规则见表3–14。

表3–14　产品研发相关规则

产　品	研发时间/Q	所需投资/M	投入方式/（M/Q）
P1	2	2	1
P2	3	3	1
P3	4	4	1
P4	5	·5	1

注意：

1）产品研发投资是按季度支付研发费用的，不能加速投资，投资完成后企业才能取得产品生产资格，方可生产。

2）企业可以研发所有新产品，也可以选择其中几个新产品进行研发；各产品研发投资可以同时进行。

3）产品研发在企业资金短缺时可随时中断或终止，后期资金宽裕时，若想继续研发，只需在原有投入基础上继续追加投资。

4）产品研发投资计入综合费用。

4. 原材料采购规则

在ERP沙盘模拟运营中，企业生产要用到的材料有4种，即R1材料、R2材料、R3材料、R4材料，每种原料的价格均为1M。原料采购必须提前下达采购订单，其中R1材料和R2材料的采购提前期为1个季度，R3材料、R4材料的采购提前期为2个季度。原料到货后必须根据采购订单如数验收入库，并按规定支付原料款，不得拖延。

注意：

1）原料采购订单用空桶表示，一个空桶代表1个原料订单。

2）下原料订单时不用支付材料采购款，材料验收入库后才支付。

5. 产品构成规则

企业在研发了新产品后可以获得相应产品的生产资格。为计算简便，各产品成本只包括直接材料和直接人工两个成本项目，即成本构成只包括原材料构成与加工费，具体规则见表 3-15。

表 3-15　产品成本构成规则

产品名称	成本构成		直接成本 /M
	原材料构成	加工费 /（M/ 个）	
P1	R1	1	2
P2	R2+R3	1	3
P3	R1+R3+R4	1	4
P4	P1+R1+R4	1	5

产品成本构成规则可根据教学计划做相应修改。

（三）融资规则

资金是企业一切经营活动的基础。在 ERP 沙盘模拟运营中，企业获取资金的渠道主要有长期贷款、短期贷款、应收账款贴现、库存拍卖等，其规则见表 3-16。

表 3-16　融资方式及费用规则

贷款类型	贷款时间	贷款额度	年　息	还款方式
长期贷款	每年年初	所有长期贷款和短期贷款之和不能超过上一年所有者权益的 3 倍	10%	每年付息，到期还本
短期贷款	每季季初		5%	到期一次还本付息
应收账款贴现	任何时间	视应收账款金额	1/2 期，10%	变现时贴息
			3/4 期，12.5%	
库存拍卖	任何时间	产品 100%，原材料 80%		

1. 贷款规则

在 ERP 沙盘模拟运营中，企业可以申请的贷款有长期贷款和短期贷款两种。

（1）长期贷款

长期贷款的最长期限是 5 年，最短期限是 1 年。每年年初申请贷款，贷款金额不得小于 1M，且所有长期贷款和短期贷款之和不能超过上一年所有者权益的 3 倍。长期贷款借入当年不支付利息，从第二年开始，每年年初按 10% 的年利率归还利息，到期还本。

（2）短期贷款

短期贷款的期限是 1 年。每季度初均可申请贷款，贷款金额不得小于 1M，且所有长期贷款和短期贷款之和不能超过上一年所有者权益的 3 倍。短期贷款每个季度无须偿还利息，一年后到期时按 5% 的年利率一次还本付息。例如，企业在第二年第二季度初申请了 4M 短期贷款，那么要到第三年第二季度初偿还（$4+4\times5\%$）M 的短期贷款到期本息。

注意:

所有贷款到期时如果贷款额未下降，需要偿还到期贷款后，再考虑是否续贷，即不能借新贷还旧贷。所有贷款不允许提前还款。

2. 应收账款贴现规则

企业在交货后，收到的有可能是应收账款。在企业资金不足的情况下，可以将未到期的应收账款贴现转化为现金使用。应收账款贴现可以随时进行，但需要扣除一定的贴现息，剩下的才是企业收到的现金。例如，企业当前存在资金缺口，但不能申请任何贷款，账面有一笔账期为2Q、金额为23M的应收账款，可以考虑将其贴现来填补资金缺口。根据规则，贴现不能超过应收账款金额，见表3-17。

表3-17 模拟企业应收账款贴现方式

方 式	贴现金额/M	贴现息/M	收现金额/M	备 注
方式一	23	2.3	20	剩余OM应收账款
方式二	20	2	18	剩余3M应收账款等待正常到期
方式三	10	1	9	剩余13M应收账款等待正常到期

注意:

在企业资金紧缺又不能申请贷款也没有应收账款可贴现的情况下，企业可将大厂房卖掉，取得40M、4Q的应收账款，然后立即将其贴现，最多可贴现40M，支付40×12.5%M贴现息。

（四）破产规则

当企业出现资金断流或所有者权益小于零的情况时，就要宣告破产。企业破产后，如按规定注入资金就可以继续经营，但是必须按照产能争取订单。破产的队伍不参加最终的成绩排名。

（五）综合费用和税金规则

综合费用和税金的相关规则如下。

1）除折旧及财务费用以外，行政管理费、市场开拓费、广告费、生产线转产费、设备维护费、厂房租金、ISO认证费、产品研发费等均计入综合费用。

2）行政管理费每季度支付1M。

3）每年年末按当年利润的25%（向下取整数）计提所得税，并计入应付税金，在下一年初缴纳。比如，当年企业税前利润为3M，乘25%，计算所得税为0.75M，四舍五入则为1M，当年度企业应缴企业所得税额为1M。

4）出现盈利时，按弥补以前年度亏损后的余额计算所得税。下面通过表3-18进行说明。

表 3-18　企业各年所得税计算表

年　份	税前利润 /M	所得税 /M	说　明
第一年	−23	0	亏损
第二年	−5	0	亏损
第三年	18	0	18M 利润先弥补往年 28M 亏损，还有 10M 未弥补
第四年	31	5	31M 盈利继续弥补往年剩余的 10M 亏损，剩余 21M 计算缴纳所得税，21 × 25%=5.25，四舍五入，所得税为 5M

二、沙盘模拟运营道具介绍

在 ERP 沙盘模拟运营中，为了实现仿真运营，需要运用一些道具来表示企业运营所需资金、原材料、生产线等。以下是模拟企业运营过程中将会用到的道具。软件使用的是用友软件。

（一）物理沙盘盘面

在 ERP 沙盘模拟运营中，最基本也最重要的一个道具就是 ERP 物理沙盘盘面，如图 3-6 所示。在该盘面上根据部门划分了不同的运营中心，每个运营中心都有不同的模块来模拟企业的实际经营。比如，在财务中心有现金区、贷款区、应收账款区、综合费用区等；在生产中心有厂房区和生产线区；在物流中心有原材料库和产成品库区域；在营销与规划中心有产品研发区、市场开拓区、ISO 认证区。

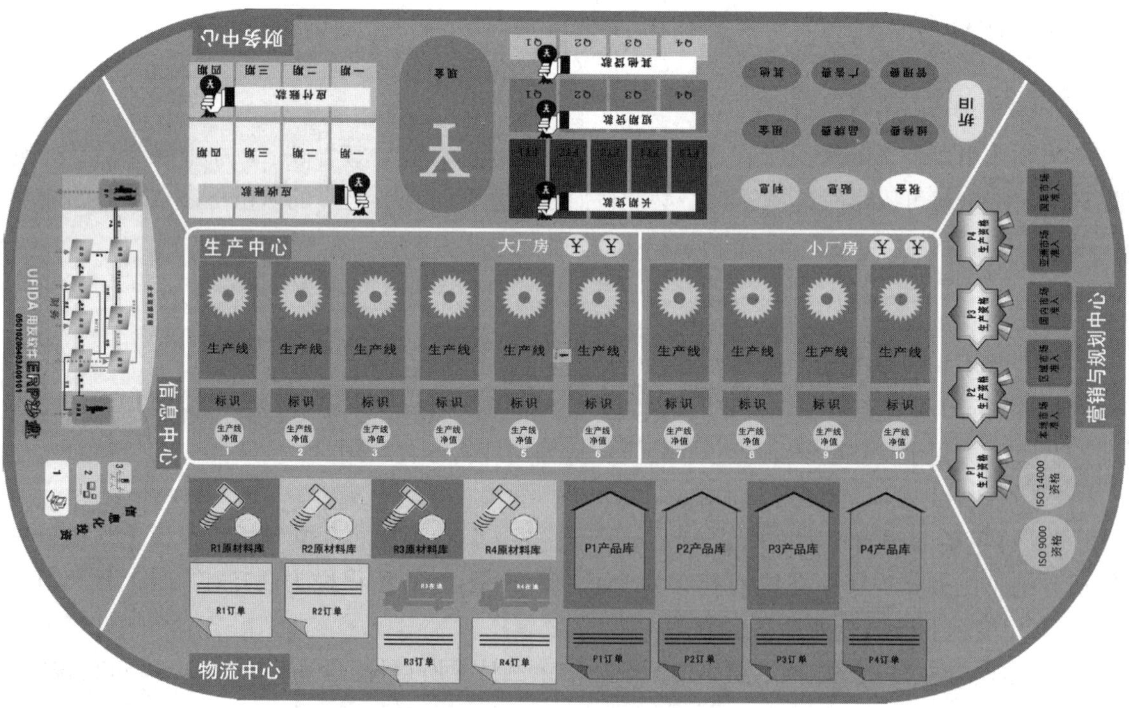

图 3-6　ERP 物理沙盘盘面

（二）原材料

在 ERP 沙盘模拟运营中，一共有 4 种材料，如图 3-7 所示。红色的币代表 R1 材料，橙色的币代表 R2 材料，蓝色的币代表 R3 材料，绿色的币代表 R4 材料，每种材料币的上面都刻有材料类型标识。

图 3-7　原材料标识

（三）资金

在 ERP 沙盘模拟运营中，资金用灰色的币表示，如图 3-8 所示。资金币的上面刻有“¥”符号，一个灰色的币代表 1M。企业的现金、生产线净值、厂房价值都可以用资金币来体现。

图 3-8　资金标识

（四）生产线

在 ERP 沙盘模拟运营中，一共有 4 种生产线（超级手工、租赁线、全自动线、柔性线）可供企业购建。为方便模拟运营时做到有效区分，4 种生产线的标识牌颜色不同，同时在标识牌上面用格子来表示每种生产线的生产周期，如图 3-9 所示。超级手工生产线是浅绿色标识牌，标识牌上划分了两个格；租赁生产线是深红色标识牌，标识牌上划分了一个格；全自动生产线是绿色标识牌，标识牌上只划分了一个格；柔性生产线是橙色标识牌，标识牌上只划分了一个格。

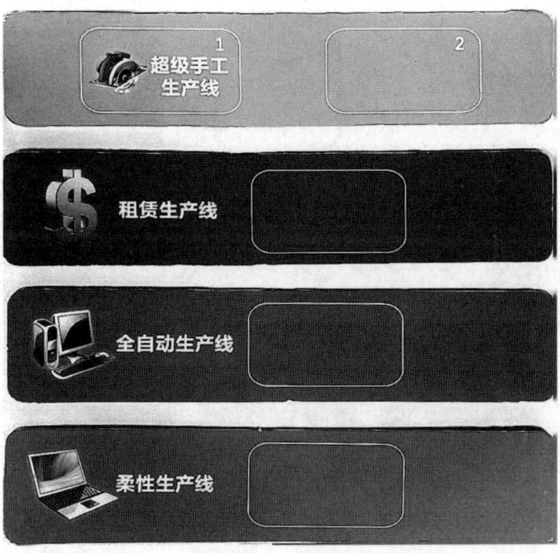

图 3-9　生产线标识

（五）产成品和在制品

由表 3-15 可知，要生产一个 P1 产品，需要投入 1 个 R1 材料和 1M 加工费，1 个 R1 材料用一个红色的币表示，1M 加工费用一个灰色的币表示，因此 1 个 P1 产品需要用 1 个红色的币和 1 个灰色的币组合表示。以此类推，1 个 P2 产品需要用 1 个红色的币、1 个橙色的币和 1 个灰色的币表示；1 个 P3 产品需要用 2 个橙色的币、1 个蓝色的币和 1 个灰色的币表示，如图 3-10 所示。若产品在生产线上，表明是企业的在制品；若产品在产成品库，表明是企业的产成品。

图 3-10　不同产品表示方法

（六）原料订单和贷款

在 ERP 沙盘模拟运营中，空桶除了可以作为盛币的容器，有时候还有一定的经济含义。若企业生产需要原材料，则企业应提前根据生产需求下达采购订单。在下原料订单时，企业不需要支付材料采购费，因此，在模拟运营中，用空桶来代替原料订单，下几个原料订单，就在相应的原料订单处放几个空桶来表示。另外，当企业申请贷款时，取得的贷款资金用相应数量的灰币放置在现金区供企业使用，贷款这项负债就用空桶来表示，一个空桶代表 20M 的贷款。原料订单、贷款标识如图 3-11 所示。

图 3-11　原料订单、贷款标识

（七）产品生产标识

根据规则可知，每种生产线都可以生产所有产品。那么企业拥有的生产线当前生产的是哪种产品，需要在生产线前方用标识牌指示出来，如图 3-12 所示。

P1 产品　P2 产品　P3 产品

P4 产品　P5 产品

图 3-12　产品生产标识

（八）产品生产资格证

根据规则可知，企业若想生产某种产品，首先需要具有该种产品的生产资格。当企业决定研发某种产品时，需要领取相应的生产资格卡片，待研发完成后展示在沙盘盘面相应的位置上，以表示企业已经取得该种产品生产资格证。产品生产资格证如图 3–13 所示。

图 3–13　产品生产资格证

（九）市场准入证

企业若想在某个市场上投放广告、争取销售订单，就需要先行去开拓该市场。企业在决定开拓某个市场时，要先领取该市场准入证，待投资完成后展示在沙盘盘面相应位置上，以表示企业已经进驻该市场。市场准入证如图 3–14 所示。

图 3–14　市场准入证

（十）ISO资格证

企业若想争取单价较高的 ISO 订单，就需要具有相应的 ISO 资格。企业在决定取得某种 ISO 资格时，要先领取该 ISO 资格证，待投资完成后展示在沙盘盘面相应位置上，以表示企业具有该 ISO 资格。ISO 资格证如图 3–15 所示。

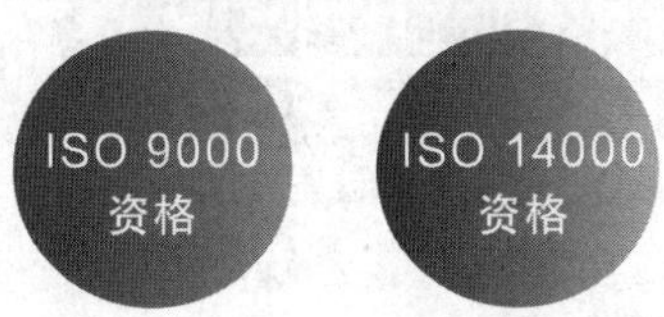

图 3–15　ISO 资格证

（十一）销售订单

企业每年年初参加一次订货会，选取当年的销售订单。订单上会显示年份、市场、订单编号、产品数量、产品单价、总金额和应收账期等信息。若订单属于加急订单或 ISO 订单，也会在订单中体现出来，如图 3-16 所示。

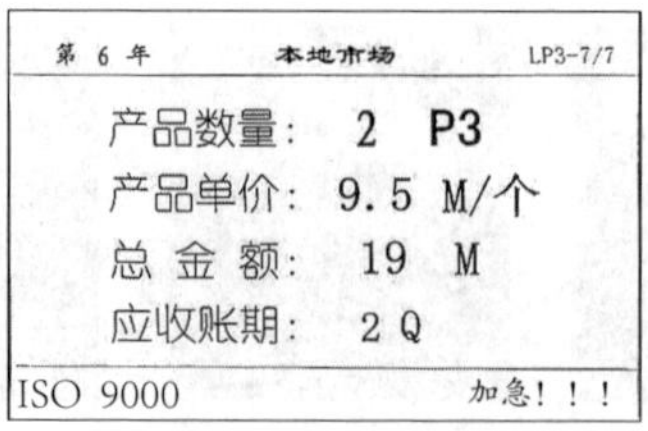

图 3-16 销售订单

第三节 沙盘模拟运营初始状态设定

ERP 沙盘模拟运营的企业是一个经营了两年的企业，取得了一定的经营业绩，同时有一定的资产和负债规模，在表 3-1 和表 3-2 中有所体现。但是在进行沙盘模拟操作时，还需要将企业的财务信息体现在沙盘盘面上，然后才能进行后续的模拟运营。通过初始状态设置，学生能深刻感受到财务数据与企业业务活动的相关性，理解财务数据是对企业运营情况的总结和提炼，为学生树立“透过财务看经营”的观念做好铺垫。

一、仿真企业初始盘面设置

ERP 物理沙盘盘面如图 3-6 所示，从该盘面可以看到，进行仿真企业模拟操作的区域主要分为财务中心、物流中心、生产中心、营销与规划中心。

（一）财务中心

仿真企业现有现金资产 20M，放置一桶共 20 个灰色资金币在现金区；有金额为 15M、账期为 3Q 的应收账款一笔，放置 1 个内置一张应收账款凭条的空桶在应收账款区；有 4 年期 20M 长期贷款一笔和 5 年期 20M 长期贷款一笔，分别放置 1 个空桶在长期贷款 FY4 和 FY5 的位置。财务中心初始盘面如图 3-17 所示。

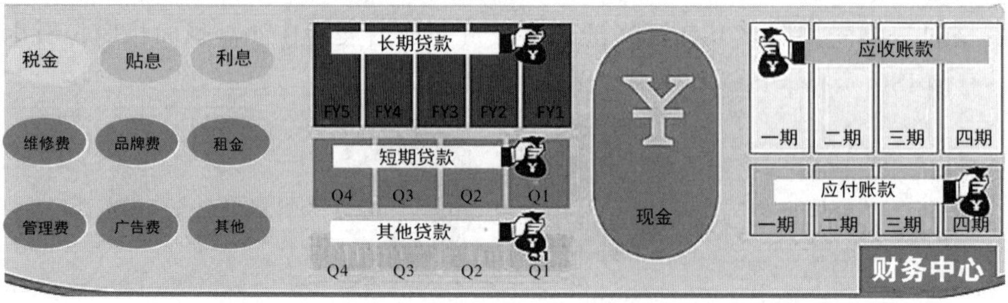

图 3-17 财务中心初始盘面

（二）物流中心

仿真企业现有 3 个 R1 原材料，放置 3 个红色 R1 原材料币在 R1 原材料库；有 3 个 P1 产成品，1 个红色 R1 原材料币和 1 个灰色资金币可组合表示 1 个 P1 产品，放置 3 个组合在 P1 产品库；下达 R1 原料订单 2 个，放置 2 个空桶在 R1 订单区。物流中心初始盘面如图 3-18 所示。

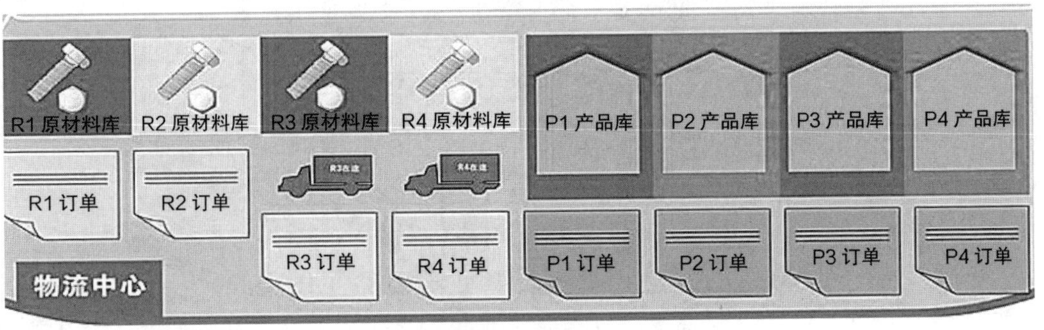

图 3-18　物流中心初始盘面

（三）生产中心

仿真企业现有一个价值 40M 的大厂房，放置 2 桶共 40 个灰色资金币在厂房区域；有 3 条净值为 3M 的手工线和 1 条净值为 4M 的半自动线，放置 3 个浅蓝色手工线标识牌和 1 个深蓝色半自动线标识牌在生产线区域，在每条生产线前方表示生产线净值的地方，分别放 4 个空桶，桶里面分别放上 3、3、3、4 个灰色资金币，表示每条生产线净值；4 条生产线都生产 P1 产品，在每条生产线前面放上 1 个 P1 产品生产标识牌；每条生产线上同一时间只能生产 1 个产品，在每条生产线上放置 1 个由 1 个红色 R1 原材料币和 1 个灰色资金币组成的 P1 在制品，每条生产线上 P1 在制品所处的生产周期不尽相同。生产中心初始盘面如图 3-19 所示。

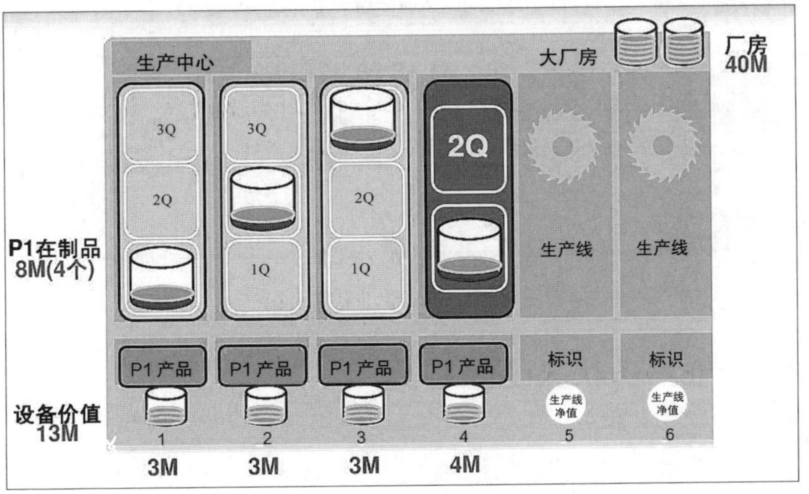

图 3-19　生产中心初始盘面

（四）营销与规划中心

仿真企业现已取得 P1 产品生产资格，放置 1 张 P1 产品生产资格证在相应区域；已经开拓本地市场，放置 1 张本地市场准入证在相应区域。营销与规划中心初始盘面如图 3-20 所示。

图 3-20　营销与规划中心初始盘面

综合以上各中心盘面，得出企业目前整体的初始盘面情况，如图 3-21 所示。

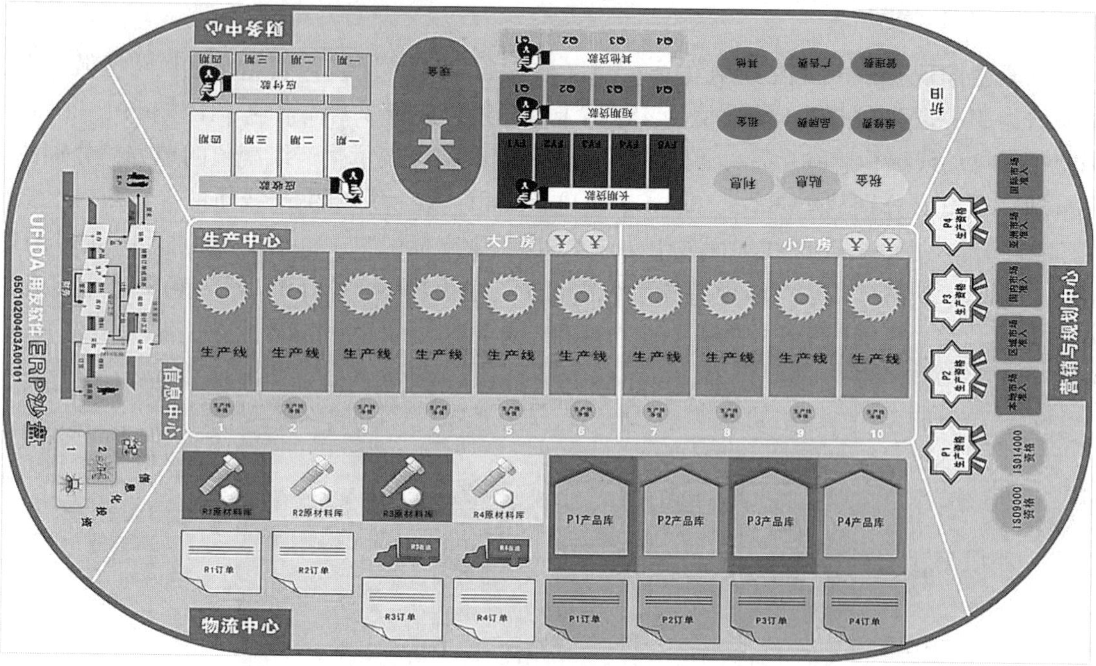

图 3-21　仿真企业初始盘面

二、仿真企业财务状况设置

（一）资产

仿真企业的资产包括流动资产和固定资产两部分。

1. 流动资产

仿真企业的流动资产分布如下。

1）现金。沙盘上有现金一桶，共计 20M。

2）应收账款。沙盘上有应收账款 15M，账期为 3Q。

3）在制品。沙盘的 4 条生产线上分别有在不同生产周期的 P1 在制品 1 个，每个价值 2M，共计 8M。

4）成品。沙盘上企业产成品库中有 3 个 P1 产品已完工，每个价值 2M，共计 6M。

5）原料。沙盘上 R1 原材料库中有 3 个 R1 原材料，每个价值 1M，共计 3M。

综合以上 5 项，企业流动资产共计 52M。

2. 固定资产

仿真企业的固定资产分布如下。

1）土地和建筑。沙盘上有一个大厂房，价值 40M。

2）机器和设备。沙盘上有 3 条净值为 3M 的手工线、1 条净值为 4M 的半自动线，共计 13M。

3）在建工程。沙盘上目前没有在建的生产线。

综合以上 3 项，企业固定资产共计 53M。

综合流动资产和固定资产可得出，企业资产总计 105M。

（二）负债

仿真企业的负债分布如下。

1）长期贷款。沙盘上有 4 年期的长期贷款 20M、5 年期的长期贷款 20M，共计 40M。

2）1 年内到期的长期贷款。沙盘上目前没有 1 年内到期的长期贷款。

3）短期贷款。沙盘上目前没有短期贷款。

4）应付账款。沙盘上目前没有应付账款。

5）应交税费。根据纳税规则和利润表，目前企业有应交税费 1M。

综合以上 5 项，企业负债共计 41M。

（三）所有者权益

仿真企业的所有者权益分布如下。

1）股东资本。目前，企业股东资本为 50M。

2）利润留存。目前，企业利润留存为 11M。

3）年度净利。目前，企业上年度实现的年度净利为 3M。

综合以上 3 项，企业所有者权益共计 64M。

综合负债和所有者权益可得出，企业负债和所有者权益共计 105M。资产等于权益。

第四章
仿真企业物理沙盘模拟运营操作

第一节　教学年（第零年）运营

一、实训目标

新的管理层接手企业，需要有一个适应期，在这个阶段，需要与原管理层交接工作，熟悉企业的运营规则明晰企业的运营流程，团队内部进行良好磨合，因此，在 ERP 沙盘模拟运营中，设计了教学年（可以理解为第零年）的运营。在这一节里，将结合前一章的企业模拟运营规则，解决学生在实际运营过程中的操作问题，避免学生出现不知道如何在沙盘上操作，或者运营时手忙脚乱，或者沙盘盘面与财务数据不匹配的情况。

教学年的实训目标为：

①熟悉模拟企业的经营流程。

②熟悉模拟运营规则。

③学会填写订单登记表。

④学会填写现金收支明细表。

⑤学会编制综合费用明细表。

⑥学会编制利润表。

⑦学会编制资产负债表。

二、任务清单及运营操作

（一）任务清单

企业的生产经营需要遵循一定的工作流程，在 ERP 沙盘模拟运营中，“任务清单”就是模拟企业运营的简化的工作流程，各团队在模拟企业运营过程中都要按任务清单上的顺序严格执行。任务清单见表 4-1。在这张任务清单上，我们可以将企业每年的运营分为三部分，第一部分为年初经营，共 5 项工作；第二部分为第一、二、三、四季度（分别用 1Q、2Q、3Q、4Q 来表示）的日常经营，每个季度共 12 项工作；第三部分为年末经营，共 5 项工作。执行任务清单时要由 CEO 主持，团队成员各司其职、有条不紊。每执行完一项任务，CEO 需要在方格中打钩作为完成标志。

注意：

执行任务清单时，必须按照自上而下、从左至右的顺序严格执行。

表 4-1　任务清单

单位：M

年初经营：	1Q			
支付应付税（根据上年度结果）				
新年度规划会议				
准备好与客户见面 / 登记销售订单				
制订新年度计划				
日常经营：	1Q	2Q	3Q	4Q
更新短期贷款 / 还本付息 / 申请短期贷款				
原材料入库 / 更新原料订单				
下原料订单				
更新生产 / 完工入库				
投资新生产线 / 变卖生产线 / 生产线转产				
开始下一批生产				
更新应收账款 / 应收账款收现				
出售厂房				
按订单交货				
产品研发投资				
支付行政管理费用				
季末现金盘点				
年末经营：	4Q			
支付利息 / 更新长期贷款 / 申请长期贷款				
支付设备维护费				
支付租金（或购买建筑）				
计提折旧				
新市场开拓投资 / ISO 资格认证投资				
关账				

（二）运营操作

1. 年初经营

在一年之初，企业应当把握机会，谋划好全年的经营，预测企业在经营过程中可能出现的各种问题，分析企业可能面临的困难，并寻求解决问题的办法，使企业未来一年的经营活动都处于掌控之中。

因此，首先 CEO 应召集各业务主管召开新年度规划会议，初步制定本年度运营策略；其次营销总监投放广告，参加一年一度的产品订货会，争取本年度销售订单；最后，CEO

组织各业务主管根据销售订单，调整运营策略，制订本年度具体的工作计划，编制现金预算表，开始本年度各项工作。

（1）支付应交税费

根据任务清单提示，新年度年初第一项工作是根据上年度结果支付应交税费。年初，财务总监要查看上一年资产负债表的负债项目，确定“应交税费”是否有金额。若有，按照报表上的金额从现金区拿出相应的资金币放置在综合费用区“税金”的位置，并在“现金收支明细表”上“支付上年应交税费”对应方格内登记现金支出金额。CEO 在任务清单上对应方格内打钩，表示企业已完成该项运营操作。

现金收支明细表模板见表 4-2。

表 4-2　现金收支明细表模板

单位：M

项　目	1Q	2Q	3Q	4Q
支付上年应交税费				
偿还长期贷款及利息				
申请长期贷款				
市场营销				
折现费用				
期初现金盘点				
偿还短期贷款及利息				
申请短期贷款				
原料采购支付现金				
成品采购支付现金				
生产线投资				
变卖生产线（+）				
支付转产费用				
支付产品加工费				
应收账款到期（+）				
产品研发投资				
行政管理费用				
变卖原料（+）				
设备维护费				
租金				
购买新建筑				
市场开拓投资				
ISO 认证投资				
其他				
现金收入总计				
现金支出总计				
期末现金余额				

注：“+”表示现金流入，“-”表示现金流出。

（2）新年度规划会议

古人云：“凡事预则立，不预则废。”在开始新一年的运营之前，CEO 应当召集各业务主管召开新年度规划会议，根据各业务主管掌握的信息和企业实际情况，初步确定企业新年度的各项投资计划，包括市场开拓和 ISO 认证投资、产品研发投资、设备购建投资、生产和采购计划等。提前规划可以使各业务主管对接下来一年的工作胸有成竹，可以有效预防经营过程中决策的随意性和盲目性，减少经营失误。同时，新年度规划是各业务主管根据自己的信息并与其他业务主管达成共识后共同制定的，可以有效提高团队的合作精神，提高团队的战斗力和向心力。

另外，为了能在一年一度的产品订货会上争取合适的销售订单，企业还应该根据规划精确计算出当年各种产品的完工数量，以提前确定企业的可接订单数量。

因此，企业新年度规划会议主要包括两个方面：一是做好全面规划，二是准确计算产能。

1）新年度全面规划。新年度全面规划的内容涉及企业的发展战略规划、投资规划、生产规划和筹资规划等。要作出合理的规划，企业应当结合目前和未来的市场需求、竞争对手可能采用的策略以及企业的实际情况。

①市场开拓规划。企业只有开拓了市场才能在该市场销售产品。企业拥有的市场决定了企业产品的销售渠道。开拓市场须投入资金，导致企业当期的现金流出，增加企业当期的综合费用，减少当期利润。因此，企业在制订市场开拓规划时，应当考虑该项规划对企业现金流以及所有者权益的影响。只有在企业资金有充分保证，减少的利润不会对企业造成严重后果（如开拓市场增加的投资费使利润减少，进而导致企业所有者权益为负数，企业破产）时方能进行。

在进行市场开拓规划时，企业应着重考虑以下几个问题。

a. 企业的销售策略。企业可能会考虑哪个市场产品价格高就进入哪个市场，也可能哪个市场需求量大就进入哪个市场，还可能两个因素都考虑。企业应当根据销售策略，明确需要开拓什么市场。

b. 企业的目标市场。企业应当根据销售策略和各个市场的需求情况、价格水平和竞争对手的情况等明确企业的目标市场。第三章的图 3-1 和图 3-2 就是各个市场上各种产品需求量和价格走势的预测图。各队伍要将图中的增减变动趋势尽可能量化，以便更准确地判断各市场情况，确定目标市场。

【例 4-1】某公司各产品在各市场的产品需求量和产品价格分别如图 3-1 和图 3-2 所示。该公司的销售策略是哪个市场需求量大就进入哪个市场，那么该公司的 P1 产品应进入哪个市场?

分析：当企业的销售策略是哪个市场需求量大就进入哪个市场时；企业若想确定 P1 产品的目标市场，就要对各市场上 P1 产品的需求量进行对比。通过图 3-1 和图 3-2，我们可以看到，对于 P1 产品，本地市场和国内市场的需求量逐年下降，区域市场、亚洲市场和国际市场的需求量先上升后下降，但是仅根据这个变化趋势是不足以让企业准确定位目标市场的，我们需要绘制出相对精确的 P1 产品各市场需求量对比图。

首先，将图 3-1 和图 3-2 中有关 P1 产品需求量的数据量化，根据纵坐标轴对应的数字将每年各市场上 P1 产品的需求量整理出来，以便更准确地判断各市场的需求情况。现根据图中纵坐标数据编制原始的各市场 P1 产品需求量对比表，如表 4-3 所示。

表 4-3　各市场 P1 产品需求量对比表（原始表）

单位：个

市　场	第二年	第三年	第四年	第五年	第六年
本地市场	20	18	15	11	8
区域市场	7	6	5	5	4
国内市场	14	14	13	10	8
亚洲市场	18	16	15	12	9
国际市场	17	20	19	18	16

其次，对表 4-3 进行优化。根据规则，市场开拓是有投资时间规定的，若按照最早开拓时间，也就是第一年就开始投资各个市场，那么企业最早可以在本地市场、区域市场、国内市场、亚洲市场和国际市场上投放广告并选取销售订单的时间点分别是第二年年初、第三年年初、第四年年初和第五年年初。考虑到这一点，我们可以将表 4-3 中的部分数据剔除，把市场有需求但是企业不能选订单的年份的需求量删除，编制需求量优化表，如表 4-4 所示，以便更加准确地判断有效市场需求。

表 4-4　各市场 P1 产品需求量对比表（优化表）

单位：个

市　场	第二年	第三年	第四年	第五年	第六年
本地市场	20	18	15	11	8
区域市场	7	6	5	5	4
国内市场		14	13	10	8
亚洲市场			15	12	9
国际市场				18	16

最后，根据表 4-4 的数据绘制出各市场 P1 产品需求量对比图，如图 4-1 所示。

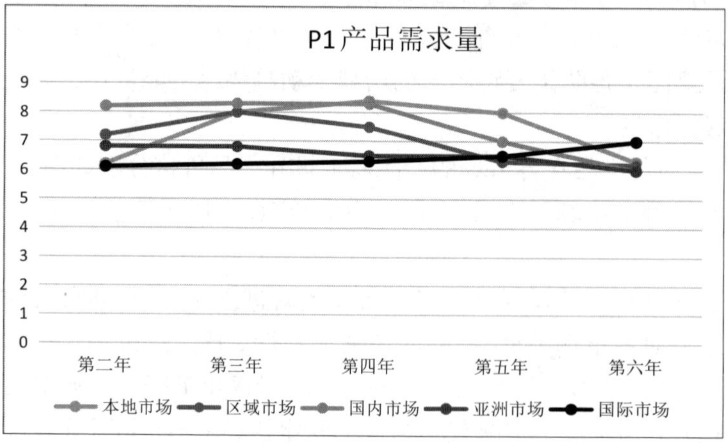

图 4-1　各市场 P1 产品需求量对比图

通过图 4-1 可以直观地看到，从有价值的需求量数据上看，各市场上 P1 产品的需求量都在直线下降。但是第一年至第四年，本地市场上 P1 产品的需求量远高于其他市场，第五年至第六年，国际市场上 P1 产品的需求量远高于其他市场。因此，企业可以选择在前四年将 P1 产品定位于本地市场，从第五年开始将 P1 产品定位于国际市场。那么，根据规则，企业要在第一年就开始对国际市场进行投资。

各队伍可根据上述方法绘制 P2 产品、P3 产品和 P4 产品的市场需求量对比图，进而判断企业各产品的目标市场，以及该目标市场的投资开始时间。

【例 4-2】某公司各产品在各市场的产品需求量和产品价格分别如图 3-1、图 3-2 所示。该公司的销售策略是哪个市场价格高就进入哪个市场，那么该公司的 P2 产品应进入哪个市场?

分析：当企业的销售策略是哪个市场价格高就进入哪个市场时，企业若想确定 P2 产品的目标市场，就要对各市场上 P2 产品的价格进行对比。通过图 3-1 和图 3-2，我们可以看到，对于 P2 产品，本地市场和区域市场的价格先上升后下降，国内市场的价格连续 4 年保持稳定后逐年下降，亚洲市场的价格基本保持稳定，国际市场的价格稳定上升。同样，仅根据这个变化趋势是不足以让企业准确定位目标市场的，我们需要绘制出相对精确的 P2 产品各市场价格对比图。

首先，将图 3-1 和图 3-2 中有关 P2 产品价格的数据量化，根据纵坐标轴对应的数字将每年各市场上 P2 产品的价格整理出来，以便更准确地判断各市场的价格情况。现根据图中纵坐标数据编制原始的各市场 P2 产品价格对比表，如表 4-5 所示。

表 4-5　各市场 P2 产品价格对比表（原始表）

单位：M

市　场	第二年	第三年	第四年	第五年	第六年
本地市场	6.2	8	8.4	8	6.3
区域市场	7.2	8	7.5	6.3	6.2
国内市场	8.2	8.3	8.3	7	6
亚洲市场	6.8	6.8	6.5	6.5	6
国际市场	6.1	6.2	6.3	6.5	7

其次，我们同样需要对表 4-5 进行优化，把市场有需求但是企业不能选订单的年份的价格删除，编制价格优化表，如表 4-6 所示。

表 4-6　各市场 P2 产品价格对比表（优化表）

单位：M

市　场	第二年	第三年	第四年	第五年	第六年
本地市场	6.2	8	8.4	8	6.3
区域市场	7.2	8	7.5	6.3	6.2
国内市场		8.3	8.3	7	6
亚洲市场			6.5	6.5	6
国际市场				6.5	7

最后，根据表 4-6 的数据绘制出各市场 P2 产品价格对比图，如图 4-2 所示。

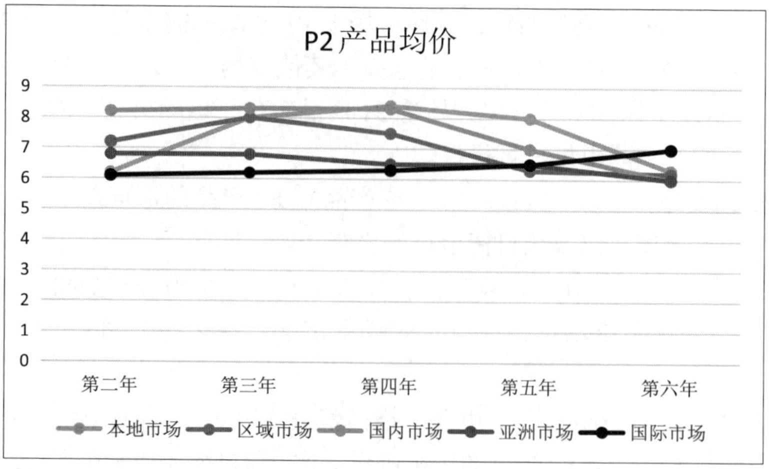

图 4-2　各市场 P2 产品价格对比图

通过图 4-2 可以直观地看到，各市场价格变动趋势不尽相同。第一年、第四年和第五年在本地市场上的 P2 产品价格最高，第二年在区域市场上的 P2 产品价格最高，第三年在国内市场上的 P2 产品价格最高，第六年在国际市场上的 P2 产品价格最高。因此，企业可以选择将 P2 产品的目标市场定位于本地市场、国内市场和国际市场。

同时，各队伍可根据上述方法绘制 P1 产品、P3 产品和 P4 产品的各市场价格对比图，进而判断出企业各产品的目标市场。

c. 开拓目标市场的时间。在明确了企业的目标市场后，应确定从什么时候开始投资开拓目标市场。企业应该结合资金状况、产品生产情况和市场开拓所需时间，明确企业目标市场的开拓时间。若资金充裕，企业可适当提早开发。

② ISO 认证开发规划。企业只有取得 ISO 认证资格，才能在选单时获取标有 ISO 条件的订单。不同市场、不同产品和不同时期对 ISO 认证的要求是不同的，不是所有市场在任何时候对任何产品都有 ISO 认证要求。因此，企业应当对是否和何时进行 ISO 认证开发进行决策。同样，进行 ISO 认证需要投入资金，并且会减少企业利润。因此，企业在进行 ISO 认证开发规划时要考虑对资金和所有者权益的影响。

在进行 ISO 认证开发规划时，企业应着重考虑以下几个问题。

a.ISO 认证选择。ISO 认证包括 ISO 9000 和 ISO 14000 两种资格认证。企业可以选择其中一种开发，也可以两种都开发。具体如何选择取决于企业选定的目标市场对 ISO 认证的要求，以及企业的资金状况。

b.ISO 认证时间。企业可以从相关市场预测表中了解到市场对 ISO 认证的相关要求。一般来说，时间越往后，市场对认证的要求会越高。同时，企业开始投资的时间还要配合认证开发的时间。例如，ISO 9000 需要两年时间来完成认证投资，如果企业预计目标市场第四年开始有 ISO 订单，那么企业最晚要在第二年开始进行 ISO 认证投资；而 ISO 14000 需要四年时间才能完成认证投资，那么企业最早要到第五年才能争取有 ISO 14000 认证要求的订单。

如果企业决定进行认证开发，在资金充裕的情况下，可以适当提早开发。

③产品研发投资规划。企业在经营前期，产品品种单一，销售收入增长缓慢。如果企业想增加收入，就要多销售产品；而要多销售产品，除了开拓销售市场外，还必须要有多样化的产品，因为每个市场对单一产品的需求总是有限的。为此，企业需要做出是否进行新产品研发的决策。企业如果要进行新产品的研发，就需要投入资金，影响企业当期的现金流和利润。因此，企业在进行产品研发规划时要考虑对资金和所有者权益的影响。

在进行产品研发投资规划时，企业应着重考虑以下几个问题。

a. 企业的产品策略。由于可以研发的产品品种比较多，企业需要做出研发哪种产品的决策。受资金、生产线数量的限制，企业一般不会研发所有品种的产品，而是根据市场需求、竞争对手情况以及产品毛利来选择其中一种或两种产品进行研发。

b. 企业产品研发的时间。企业确定要研发的产品品种后，需要考虑从什么时候开始研发。不同产品可以同时研发，也可以分不同时间开始研发，需要企业根据市场、资金、产能和竞争对手的情况来确定。

④设备投资规划。企业生产设备的数量、先进性和灵活性会影响产品的生产能力。企业若想获得更多的销售收入，就要有足够的产能，那么就需要对落后的生产设备进行更新，增加生产效率高的现代化生产设备。而企业要构建新的生产线，就需要支付设备购买价款。支付的设备购买价款计入当期在建工程，待设备建成后转入固定资产。一般情况下，构建新的生产线所支付的资金不会影响企业当期利润，也不会影响企业当期的所有者权益，但是会对企业的现金流造成一定的影响。因此，在进行生产设备投资规划时，应重点考虑企业的资金问题，避免因为资金缺乏而引起投资中断的情况，或者出现因为资金缺乏导致建成的生产线停工待料的情况。

在进行设备投资规划时，企业应着重考虑以下几个问题。

a. 新的一年，企业是否要进行设备投资？可以说，每个企业都希望增加产能、扩充新的生产线、改造落后生产线，但是，扩充或更新生产线涉及时机问题。一般而言，企业如果资金充裕，未来目标市场的需求量比较大，就应当考虑进行设备投资、扩大产能；反之，则应该暂缓或不进行设备投资。

b. 扩建或更新生产线的类型。根据规则，企业可选择构建的生产线类型包括手工线、半自动线、全自动线和柔性线。企业应根据资金状况、目标市场数量、生产产品种类、是否需要转产、生产线的年产能等来决定扩建或更新生产线的类型。一般情况下，企业可直接购建比较先进的全自动线或柔性线，并逐步将企业现有的手工线更新；没有特殊情况，不再新建生产效率比较低的手工线。

c. 扩建或更新生产线的数量。如果企业决定扩建或更新生产线，还涉及具体的数量问题。扩建或更新生产线的数量，要根据企业的资金状况、市场需求情况、厂房内生产线位置的空置数量等来确定。若企业资金充裕，可同时扩建多条生产线；若企业资金比较紧张，而市场需求又不大，企业可以考虑分批扩建生产线。

d. 扩建或更新生产线的时间。购建生产线的时间需要好好计划。如果不考虑其他因素，企业可以在任务清单上每个季度的规定时点进行生产线的扩建或更新。但是在实际模拟操作时，企业需要综合考虑多项因素，比如企业的资金状况、生产线完工后要上线生产的产品品种、新产品研发完工的时间等。根据规则，P2 产品、P3 产品和 P4 产品的生产资格都需要 6 个季度的研发投资期，而生产线的建设周期最长的是 4 个季度。因此，当企业计划用新建的生产线生产新研发的产品时，若提前把生产线建成，而产品生产资格投资尚未完成，那么就会出现生产线闲置的情况。

另外，虽然生产线投资只影响到企业的现金流，不影响企业的利润，但是生产线在建设完成后发生的计提折旧、支付维护费等活动会减少企业的利润和所有者权益。因此，何时开始投资新的生产线，不仅要考虑投资当年资金支出的问题，还要考虑生产线建成后各项费用支出的问题。

【例 4-3】企业计划新建 1 条自动线来生产 P2 产品，新建 1 条自动线来生产 P3 产品，P2 产品和 P3 产品均在第一年第一季度开始研发。若不想出现生产线闲置的情况，应怎样做？

分析：企业若不想出现生产线闲置的情况，那么最理想的情况就是让生产线的建成时点和产品研发投资的完成时点保持一致，如表 4-7 和表 4-8 所示。

表 4-7　P2 产品研发和自动线建设安排

时　间	P2 产品研发		自动线建设	
	研发投资 /M	生产资格	生产线投资 /M	生产线状态
1Y1Q		无		
1Y2Q	1	无	5	新建
1Y3Q	1	无	5	在建
1Y4Q	1	无	5	在建
2Y1Q		有		建成

注：“Y”表示年，“Q”表示季度。

表 4-8　P3 产品研发和自动线建设安排

时　间	P3 产品研发		自动线建设	
	研发投资 /M	生产资格	生产线投资 /M	生产线状态
1Y1Q	1	无		
1Y2Q	1	无	5	新建
1Y3Q	1	无	5	在建
1Y4Q	1	无	5	在建
2Y1Q		有		建成

注：“Y”表示年，“Q”表示季度。

【例 4-4】企业要新建 1 条自动线生产 P1 产品，若生产线投资时点选在第一年第一季度和第三季度，那么建成时点分别为第一年第三季度和第二年第一季度。生产线投资时点不同，在折旧费、维修费以及产能影响上有什么不同？

分析：根据规则可知，自动线的安装周期为 3 个季度，见表 4-9。

表 4-9　不同投资时点下自动线各项费用和产能对比

时　间		第一年	第二年	第三年	第四年	第五年	第六年
1Y1Q投资，1Y4Q建成	折旧费 /M	0	3	3	3	3	0
	维修费 /M	2	2	2	2	2	2
	产能 / 个	0	4	4	4	4	4
1Y2Q投资，2Y1Q建成	折旧费 /M	0	0	3	3	3	3
	维修费 /M	0	2	2	2	2	2
	产能 / 个	0	3	4	4	4	4

注：“Y”表示年，“Q”表示季度。

从表 4-9 中可以看出，对于自动线来说，投资时点不同决定的是该条自动线是在开始投资当年建成还是在开始投资下一年建成，当年建成的当年会多出 2M 的设备维修费。两种不同的投资时点下，企业计提的折旧费用总额是相等的，但是在开始投资下一年建成的情况下，折旧费用的发生会后延一年，相当于利润的减少后延一年。在产能方面，当年建成的比下一年建成的总产能多 1 个。根据表 4-9 中的数据，1Y1Q 和 1Y2Q 两个不同时点进行生产线建设投资，前两年对利润的影响分别是 7M 和 2M，差额是 5M，产能差额是 1 个，毛利约为 4M。各队伍在选择建设时点时要考虑能否争取更多销量的销售订单，以弥补前期因投资时点不同而出现的费用差额。

2）准确计算产能。在新年度规划会议后，企业要参加一年一度的订货会。企业只有参加订货会，才能争取到当年的产品销售订单。企业必须准确计算出当年的完工产品数量，即企业当年的产能，据此确定企业当年甚至每个季度可销售产品的数量，进而在订货会上选取自己可接受的订单。

企业某年某产品可接受订单数量的计算公式为：

某年某产品可接受订单数量 = 年初该产品的库存数量 + 本年该产品的完工数量

公式中，年初该产品的库存数量可以从沙盘盘面上的产成品库中得到，也可以在营销总监的订单登记表中找到（实际工作中从有关账簿找到）。这里，最关键的是确定本年该产品的完工数量。

产品完工数量是生产部门通过安排生产并计算各生产线产能来确定的。在沙盘模拟运营中，生产总监根据企业现有生产线和本期建成生产线的生产能力，确定产品上线时间，再根据产品的生产周期推算产品的下线时间，从而确定每个季度、每条生产线的产品完工情况。企业可以通过编制“产品生产计划表”来准确测算产品的完工时间和数量。在 ERP 沙盘模拟运营中，我们除了要学会用道具推算产能，更要学会在表格中推算产能，以避免出现离开实验室就无法计算企业产能的情况。

【例 4-5】企业第一年年初有手工线 4 条、半自动线 3 条、全自动线 2 条，其中手工线生产 P1 产品，半自动线和全自动线生产 P2 产品（假设产品研发均已完成，企业具有 P1 产品和 P2 产品的生产资格；原材料储备均能满足生产需要；产品完工下线后立即开始新的生产，不存在转产和生产线闲置情况）。第一年年初企业各生产线状态如图 4-3 所示。要求编制“产品生产计划表”，推算企业第一年的生产线产能情况。

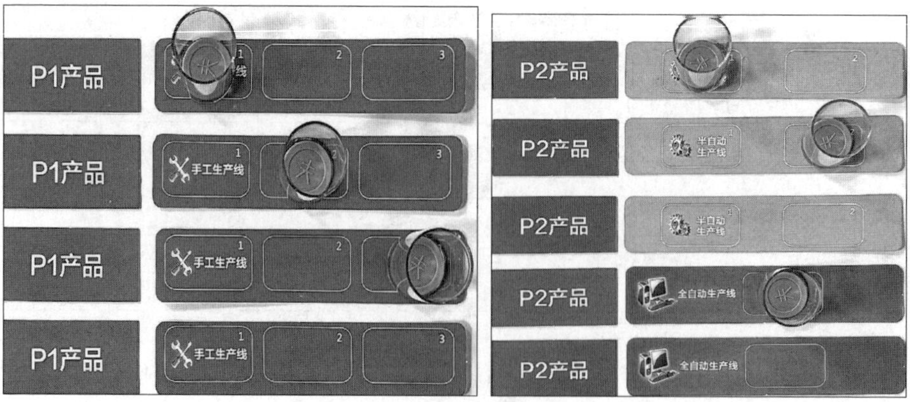

图 4-3　第一年年初企业各生产线状态

分析：将图 4-3 中第一年年初企业各生产线的状态表体现在表格中，见表 4-10，其中第一年年初的时间点用 1Y4Q 表示，生产线上产品位于第几个生产周期就用数字几来表示，如无产品生产则不写。

表 4-10　第一年年初企业各生产线状态　　单位：个

生产线	手工线 1	手工线 2	手工线 3	手工线 4	半自动线 1	半自动线 2	半自动线 3	全自动线 1	全自动线 2
1Y4Q	1	2	3		1	2		1	

接下来在表格里推演第一年各条生产线的排产情况，编制“产品生产计划表”，推算企业第一年的生产线产能情况，具体见表 4-11。

表 4-11　产品生产计划表

时　间	手工线 1	手工线 2	手工线 3	手工线 4	半自动线 1	半自动线 2	半自动线 3	全自动线 1	全自动线 2	合计	
										P1/ 个	P2/ 个
1Y4Q	1	2	3		1	2		1			
2Y1Q	2	3	①	1	2	①	1	①	1	1	2
2Y2Q	3	①	2	2	①	2	2	①	①	1	3
2Y3Q	①	2	3	3	2	①	①	①	①	1	4
2Y4Q	2	3	①	①	①	2	2	①	①	2	3
合计	1P1	1P1	2P1	1P1	2P2	2P2	1P2	4P2	3P2	5	12

注：①表示产品完工下线后又开始下一批生产。

根据表 4-11 我们可以推算出模拟企业第一年的产能情况：第一季度产出 1 个 P1 产品和 2 个 P2 产品，第二季度产出 1 个 P1 产品和 3 个 P2 产品，第三季度产出 1 个 P1 产品和 4 个 P2 产品，第四季度产出 2 个 P1 产品和 3 个 P2 产品，第一年一共能生产出来 5 个 P1 产品和 12 个 P2 产品。如果企业年初产成品库中有 4 个 P1 产品和 1 个 P2 产品，那么在第一年年初产品订货会上，营销总监可以选择的 P1 产品订单销售数量最多为 9 个，可以选择的 P2 产品订单销售数量最多为 13 个。

根据表 4-11 我们可以总结一些规律：1 条手工线一年的产能为 1 个或 2 个，1 条半自动线一年的产能也为1个或2个，1条全自动线一年的产能为3个或4个。生产总监在熟练掌握产能推演过程后，也可以根据上述结论，对照企业生产线的初始状态（产品位于生产线上哪个生产周期），快速计算出企业一年的总产能。

在ERP沙盘模拟运营中，企业召开新年度规划会议后，可以将企业新年度的战略规划记录在“企业模拟运营战略规划表”中，见表4-12。

表4-12　企业模拟运营战略规划表

公司名称	
年　　度	
经营战略要点记录	
（请同学们根据小组讨论结果，将每一季度的决策要点写出来，如投资自动线、租赁厂房、研发P2产品和P3产品、开拓本地市场和区域市场、进行ISO 9000或ISO 14000认证等）	
年初：	
第一季度：	
第二季度：	
第三季度：	
第四季度：	
年末：	

（3）准备好与客户见面/登记销售订单

销售产品必须要有销售渠道和销售订单。在ERP沙盘模拟运营中，企业销售产品的唯一途径就是参加产品订货会，争取销售订单。在参加订货会之前，企业需要在目标市场投放广告，只有投放了广告，企业才有资格在该市场争取订单。

1）准备好与客户见面。可通过以下程序做好与客户见面的准备。

首先，营销总监在与CEO沟通企业本年战略规划、与生产总监沟通企业本年生产线产能情况、与财务总监沟通资金情况后，填写“广告竞标单”（见表3-5），登记企业分市场、分产品投放的广告费金额。广告竞标单是企业争取订单的唯一依据，也是企业支付当期广告费的依据，企业应重视并认真对待，科学、合理地投放广告。

其次，营销总监代表企业参加订货会，争取销售订单。为了从容应对竞单过程中可能出现的各种复杂情况，可由营销总监与CEO或采购总监一起参加订货会。竞单时，应当根据企业的可接受产品销售数量选择订单，尽可能按照企业的产能争取订单，使企业生产的产品在当年全部销售。应当注意的是，企业争取的订单一定不能突破企业的最大产能，否则，如果不能按期交单，将会给企业带来巨大的损失。

最后，在参加完订货会后，营销总监提示财务部门一次性支付广告费，财务总监从现金库取出相应资金币放置在综合费用区“广告费”的位置。因此，企业在投入广告费时，应当充分考虑企业的支付能力。也就是说，投入的广告费一般不能超过企业年初未经营前现金库中的现金余额。

2）登记销售订单。为了准确掌握企业销售情况，科学制订本年度工作计划，企业应将参加订货会争取的销售订单进行登记。拿回订单后，营销总监在“订单登记表”中逐一对订单进行登记，如表 3-7 所示。需要注意的是，每次按订单交货后，营销总监都要在订单登记表上最后一行“是否交货”栏目打钩或打叉进行登记，以准确核算企业当年的销售额，当年未交单的订单销售额不能在编制利润表时计算到“销售收入”中去。

（4）制订新年度工作计划

企业参加订货会取得销售订单后，就明确了当年的销售任务。企业应当根据销售订单对前期制订的新年度计划进行调整，制订新年度工作计划。新年度工作计划是企业在新的一年为了开展各项经营活动而事先进行的工作安排，它是企业执行各项任务的基本依据。新年度工作计划一般包括投资计划、生产计划、销售计划、采购计划、资金筹集计划等。企业在取得销售订单后，其销售任务基本明确，销售计划主要是根据资金情况和订单要求安排各个订单的交单时间。企业的新年度工作计划主要围绕生产计划、采购计划和资金筹集计划进行。

为了使新年度工作计划更具针对性和科学性，计划一般是围绕预算来制订的。预算可以将企业的经营目标分解为一系列具体的经济指标，使企业的生产经营目标进一步具体化，并落实到企业的各个部门，这样企业的全体员工就有了共同努力的方向。在 ERP 沙盘模拟运营中，企业通过编制预算，尤其是现金预算，在经营之前预见经营过程中可能出现的现金短缺或盈余，以便于安排资金的筹集和使用；同时，通过预算，企业对规划及时进行调整，防止出现由于资金断流而破产的情况。

企业进行现金预算，首先需要预计现金收入和现金支出。在实际工作中，现金收入和现金支出只能进行合理估计，很难进行准确预算。在 ERP 沙盘模拟运营中，企业的现金收入比较单一，主要是销售产品收到的现金，可以根据企业的销售订单和交单时间准确估算。企业的现金支出主要包括投资支出、生产支出、材料采购支出、综合管理费用支出和日常管理费用支出等。这些支出可以进一步分为固定支出和变动支出两部分。固定支出主要是投资支出、综合费用支出、管理费用支出等，企业可以根据规则和企业的规划准确计算。变动支出是随着产品生产数量的变化而变化的支出，主要是生产支出和材料采购支出，企业可以根据当年的生产线和销售订单情况安排生产，在此基础上通过编制“产品生产计划表”和“材料采购计划表”，准确地测算出每个季度投产所需要的加工费。同时，根据“材料采购计划表”确定企业在每个季度采购材料时所需要支付的采购费用。这样，通过预计现金收入和现金支出，企业可以比较准确地预计企业现金的短缺或盈余。如果现金短缺，就应当想办法筹集资金。如果不能筹集资金，就必须调整规划或计划，减少现金支出。反之，如果现金有较多盈余，可以调整规划或计划，增加长期资产的投资，增强企业的后续发展实力。在实际工作中，企业要准确编制预算，首先应预计预算期产品的销售量，在此基础上编制销售预算，预计现金收入；其次，编制生产预算和费用预算，预计预算期的现金支出；最后编制现金预算。在 ERP 沙盘模拟运营中，预算编制的程序与实际工作基本相同，但是由于业务简化，可以采用简化的程序，即根据销售订单，先编制产品生产计划，再编制材料采购计划，最后编制现金预算。

1）产品生产计划。在 ERP 沙盘模拟运营中，编制产品生产计划的主要目的是确定产品投产的时间和品种，以及预计产品完工的时间和数量，从而预计产品投产所需要的加工费和原材料。

在年初参加订货会前，为了准确计算产能，前面已介绍如何根据企业当前的生产线状况编制“产品生产计划表”。但是，由于取得的销售订单可能与预计有差异，企业有时需要根据取得的销售订单对产品生产计划进行调整，为此，就需要重新编制该计划。然后根据新的“产品生产计划表”，编制“材料采购计划表”。

【例 4-6】假如企业当年争取的订单销售数量为 8 个 P1 产品和 10 个 P2 产品，应如何调整产品生产计划?

分析：从表 4-11 中可以看到，企业第一年共生产 5 个 P1 产品和 12 个 P2 产品，年初产成品库中有 4 个 P1 产品和 1 个 P2 产品，企业可销售 9 个 P1 产品、13 个 P2 产品。而企业争取的订单销售数量为 8 个 P1 产品和 10 个 P2 产品，企业各部门经过沟通后达成一致，P1 产品和 P2 产品各留 1 个库存，因此当年需安排生产 5 个 P1 产品和 10 个 P2 产品。此时，需要对原产品生产计划进行调整，减少 2 个 P2 产品的生产。可以选择将两条全自动线在第一年第三季度产品生产完工后不再开始下一批生产，闲置 1 个季度，第四季度再继续生产。调整后的产品生产计划表，如表 4-13 所示。

表 4-13　产品生产计划表（调整后）

时间	手工线 1	手工线 2	手工线 3	手工线 4	半自动线 1	半自动线 2	半自动线 3	全自动线 1	全自动线 2	合计	
										P1/ 个	P2/ 个
1Y4Q	1	2	3		1	2		1			
2Y1Q	2	3	①	1	2	①	1	①	1	1	2
2Y2Q	3	①	2	2	①	2	2	①	①	1	3
2Y3Q	①	2	3	3	2	①	①	0	0	1	4
2Y4Q	2	3	①	①	①	2	2	1	1	2	1
合计	1P1	1P1	2P1	1P1	2P2	2P2	1P2	3P2	2P2	5	10

注：“0”表示产品生产完工下线后不再开始下一批生产。

2）材料采购计划。企业要保证材料的供应，必须提前订购材料。在实际工作中，采购材料可能是现款采购，也可能是赊购。在 ERP 沙盘模拟运营中，采用的是现款采购的方式，即订购的材料到达企业时，企业必须用现金支付材料采购价款。

材料采购计划相当于实际工作中企业编制的直接材料预算，它是以产品生产计划为基础，根据产品生产安排推算出材料需求情况，进而根据材料采购规则推算出订购材料的时间和数量。在编制材料采购计划时，应注意以下 3 个问题。

①订购数量。订购材料的目的是保证生产的需要，如果订购数量过多，占用了资金，就会造成资金使用效率下降；如果订购数量过少，则不能满足生产的需要。所以，材料的订购数量应当以既能满足生产需要，又不造成资金积压为原则，尽可能做到材料零库存。为此，企业应当根据原材料的需要量和库存数量来确定原材料的订购数量。

②订购时间。根据规则，企业订购的材料在当季度不能入库，要在一个季度或两个季度以后才能到达企业。为此，企业在订购材料时，应当考虑材料运输途中的时间，即材料的提

前订货期。要根据提前订货期推算出订购材料的时间，尽可能实现材料正好在生产需要的当季到达企业仓库。

③采购材料付款的时间和金额。采购的材料要求在到达企业仓库时付款，付款的金额就是材料入库时应支付的全部采购价款。如果订购了材料，就必须在材料入库时支付现金。当期订购材料时不需要支付现金。

企业编制材料采购计划，可以明确企业订购材料的时间和数量。采购总监可以根据该计划订购材料，防止多订、少订、漏订材料，保证生产的需要。同时，财务总监根据该计划可以了解企业采购材料的资金需求情况，及时纳入现金预算，保证资金的供应。

【例 4-7】接上例，企业采购总监如何根据调整后的产品生产计划表，编制“材料采购计划表”？

分析：首先统计每个季度下线产品和上线产品的情况，根据规则推算出材料需求；其次减去年初库存数量，得到每个季度材料采购量；最后根据规则推算出下原料订单的时间，如表 4-14 所示。

表 4-14　材料采购计划表

时　间	下　线		上　线		材料需求		材料库存		材料采购		下原料订单	
	P1	P2	P1	P2	R1	R2	R1	R2	R1	R2	R1	R2
1Y4Q							1	1				
2Y1Q	1	2	1	2	3	2			2	1	1Y4Q	1Y4Q
2Y2Q	1	3	1	3	4	3			4	3	2Y1Q	2Y1Q
2Y3Q	1	4	1	2	3	2			3	2	2Y2Q	2Y2Q
2Y4Q	2	1	2	3	5	3			5	3	2Y3Q	2Y3Q
合计	5	10	5	10	15	10			14	9		

3）现金预算。企业在经营过程中，经常出现现金短缺的情况，导致企业的正常运营不得不中断，令经营者焦头烂额。仔细分析会发现，这种情况的发生不外乎两个方面的原因：第一，企业没有正确编制预算，导致预算与实际情况严重脱节；第二，企业没有严格按计划进行经营，导致实际严重脱离预算。为了合理安排和筹集资金，企业在经营之前应当根据新年度工作计划编制现金预算。

现金预算由现金收入、现金支出、现金多余或不足、资金的筹集和运用 4 个部分组成。现金收入部分包括期初库存现金和预算期现金收入两部分。现金支出部分包括现金预算的各项现金支出。现金多余或不足是现金收入合计与现金支出合计的差额，差额为正，说明收入大于支出，现金有多余，可用于偿还借款或投资；差额为负，说明支出大于收入，现金不足，需要筹集资金或调整规划（或计划），减少现金支出。资金的筹集和运用部分是当企业现金不足或富裕时，筹集或使用的资金。

在 ERP 沙盘模拟运营中，企业取得销售订单后，现金收入基本确定。企业当年的投资和主生产计划确定后，企业的现金支出也基本确定，因此，企业能通过编制现金预算准确预计企业经营期内的现金溢余或短缺，有效预防现金短缺情况的发生。如果企业通过编制现金预算发现资金短缺，且通过筹资仍不能解决，则应当修订企业当年的投资计划和经营计划，使企业的资金满足需要。

现金预算表的格式有很多种，这里主要介绍根据 ERP 沙盘模拟运营的规则和任务清单上的运营操作顺序设计的一种。

【例 4-8】假设企业有关现金预算的资料如下：年初现金为 18M；上年应交税费为 0M；支付广告费为 6M；应收账款第一季度 15M，第二季度 8M，第三季度 12M，第四季度 18M；各季度末支付管理费用为 1M；年末支付设备维护费为 4M。

从第一季度开始连续开发 P4 产品，年末进行国内市场和亚洲市场的开拓投资，同时进行 ISO 9000 和 ISO 14000 的认证投资，从第三季度开始购建 2 条全自动线。产品生产及材料采购需要的资金见表 4-13 的“产品生产计划表”和表 4-14 的“材料采购计划表”。要求编制“现金预算表”。

分析：我们可以根据该规划，结合“产品生产计划表”和“材料采购计划表”，编制“现金预算表”，如表 4-15 所示。

表 4-15　现金预算表　　单位：M

项　目	1Q	2Q	3Q	4Q
期初库存现金	18	17	10	0
支付上年应交税费				
市场广告费投入	− 6			
折现费用				
支付短期贷款利息				
支付到期短期贷款本金				
支付原料采购现金	− 3	− 7	− 5	− 8
支付生产线投资			− 5 − 5	− 5 − 5
支付生产线转产费				
支付产品加工费	− 3	− 4	− 3	− 5
收到现金前的所有支出	− 12	− 11	− 18	− 23
应收账款到期	+ 15	+ 8	+ 12	+ 18
支付产品研发投资	− 3	− 3	− 3	− 3
支付管理费用	− 1	− 1	− 1	− 1
支付设备维护费用				− 4
支付租金				
支付购买厂房费用				
支付市场开拓费用				− 1 − 1
支付 ISO 认证费				− 2 − 4
其他				
现金收入合计	+ 15	+ 8	+ 12	+ 18
现金支出合计	− 16	− 15	− 20	− 39
现金多余或不足	17	10	0	− 21
向银行贷款				
贴现收到现金				
期末现金余额	17	10	0	− 21

注：“+”表示现金流入，“−”表示现金流出。

2. 日常经营

企业制订新年度工作计划后，就可以按照运营规则和工作计划进行经营了。在 ERP 沙盘模拟运营中，企业应当按照任务清单规定的运营流程进行操作。任务清单反映了企业在经营过程中各项操作的先后顺序，必须按照这一顺序进行。

为了对企业日常经营有详细了解，我们按照表 4-1 所示任务清单的顺序，对企业日常经营中的操作要点进行介绍。

（1）更新短期贷款 / 还本付息 / 申请短期贷款

企业要发展，资金是保证。如果缺乏资金，企业连正常的生产运营都无法保证，更谈不上发展壮大。如果企业的经营活动正常，从长远发展的角度看，也可以适度举债，利用借来的资金扩大规模，以创造更大的经济效益。

在 ERP 沙盘模拟运营中，企业筹集资金的方式主要是长期贷款和短期贷款。长期贷款主要用于长期资产投资，比如购建生产线、产品研发投资、市场开拓投资等，短期贷款主要解决购买原材料、支付加工费等流动资金不足的问题，两者应结合起来使用。有的队伍看到长期贷款是到期一次还本付息，认为在贷款到期前不用偿还本金，还款压力小，就一味申请长期贷款。要注意，长期贷款的年利率是短期贷款年利率的两倍，在可以申请短期贷款的情况下申请长期贷款，会增加企业财务费用，减少企业利润。另外，贷款不允许提前还款，如果企业后期没有资金缺口或资金缺口不是很大，还要支出长期贷款利息，这对企业来讲也是一种损失。

短期贷款的借入、利息的支付和本金的偿还都是在每个季度初期进行的。其余时间如要筹集资金，只能采取其他方式，不能贷入短期贷款。

操作要点如下：

1）财务总监。财务总监主要负责以下事项：

①更新短期贷款。将表示短期贷款的空桶往现金库方向推进一格，表示短期贷款距离到期时间越来越近。如果短期贷款已经推进现金库，则表示该贷款已到期，应还本付息。

②还本付息。财务总监从现金库中拿出相应的利息费放在沙盘综合费用区的“利息”处，拿出相当于短期贷款本金的现金到交易处偿还短期贷款。

③申请短期贷款。如果企业当季有到期的短期贷款，在偿还该笔短期贷款本息之后才能申请新的短期贷款。如果企业需要借入短期贷款，财务总监应填写“公司贷款申请表”，并凭“公司贷款登记表”到交易处借款。短期贷款借入后，在沙盘上短期贷款区域 4Q 的位置放置一个空桶，同时在空桶内放入刚刚填写的“公司贷款申请表”，并将贷款得到的现金放入现金库中。

④记录。在“公司贷款登记表”上登记归还和借入的短期贷款本金金额，在“现金收支明细表”上登记偿还短期贷款本金和支付短期贷款利息的现金减少数，登记借入短期贷款的现金增加数。需要注意的是，在“现金收支明细表”对应的方格内要逐项列明，不能填写现金减少数和增加数抵销后的余额。例如，第一年第三季度，偿还到期短期贷款本金 20M，

支付到期短期贷款利息 1M，后申请 20M 短期贷款。在“现金收支明细表”该项目对应方格中，应登记为“−20−1+20”，而不是“−1”。

2）CEO。监督财务总监正确完成以上操作后，在任务清单对应方格内打“√”。

（2）原材料入库 / 更新原料订单

企业只有在前期下了原料订单，才能购买原材料。每个季度，企业应将沙盘中的原料订单（即空桶）向原材料库推进一格，表示更新原料订单。原料订单本期已经推进原材料库，表示原材料已经到达企业，企业应验收入库，并支付相应的材料采购价款。

操作要点如下：

1）采购总监。采购总监主要负责以下事项：

①更新原料订单。将沙盘上代表原料订单的空桶往原材料库推进一格。如果空桶推进原材料库，则要购买并入库原材料。

②购买并入库原材料。持现金和“采购登记表”在交易处买回原材料后，放在沙盘对应的原材料库中。

③记录。在“采购登记表”中登记购买的原材料数量，同时在任务清单对应的方格内登记入库的原材料数量。

2）财务总监。财务总监主要负责以下事项：

①支付材料购买价款。从现金库中拿出购买原材料需要的现金交给采购总监。

②记录。在“现金收支明细表”对应方格内登记现金减少数。

3）CEO。监督采购总监和财务总监正确完成以上操作后，在任务清单对应方格内打“√”。

（3）下原料订单

企业如要购买原材料，必须提前在交易处下原料订单。没有下原料订单的原材料不能购买，下原料订单时不需要支付现金。

操作要点如下：

1）采购总监。采购总监主要负责以下事项：

①下原料订单。依据“采购登记表”上下原料订单的信息，到交易处办理订货手续。一个订单用一个空桶表示，将从交易处取得的原料订单放在沙盘上“原料订单”的位置。

②记录。在任务清单对应的方格内登记订购的原材料品种和数量。

2）CEO。监督采购总监正确完成以上操作后，在任务清单对应方格内打“√”。

（4）更新生产 / 完工入库

一般情况下，产品加工时间越长，完工程度越高。企业应在每个季度更新生产。当产品完工后，应及时下线放入产成品库。

操作要点如下：

1）生产总监。生产总监主要负责以下事项：

①更新生产。将生产线上的在制品向前推进一格。如果产品已经推到生产线外，表示产品已经生产完工，将该产品放入相对应的产成品库的位置。

②记录。在任务清单对应的方格内记录完工产品的数量。

2）CEO。监督生产总监正确完成以上操作后，在任务清单对应方格内打“√”。

（5）投资新生产线 / 变卖生产线 / 生产线转产

企业要提高产能，必须对生产线进行改造，包括新建、变卖和转产。新建的生产线安装在厂房空置的生产线位置，如果没有空置的位置，要么新购入或租一个新的厂房，要么变卖生产线以腾出位置。变卖生产线主要是出于战略考虑，比如将手工线更新换成半自动线等。如果企业要转产，需要考虑转产周期和转产费用。

操作要点如下：

1）投资新生产线

①生产总监。生产总监主要负责以下事项：

a. 领取生产线标识牌。在交易处申请并领取新建生产线的标识牌，将标识牌翻转放置在某厂房空置的生产线位置，并在标识牌上放置与该生产线安装周期期数相同的空桶，代表安装周期。

b. 支付生产线投资价款。每个季度向财务总监申请建设资金，放置在其中一个空桶内。每个空桶内都放置了建设资金，表明生产线投资价款全部支付完毕，生产线在下一季度建设完成。在全部投资完成后的下一季度，将新建生产线的标识牌翻转过来，领取产品标识牌，表明可以投入使用。

②财务总监。财务总监主要负责以下事项：

a. 支付生产线建设费。从现金库取出现金交给生产总监用于生产线的投资。

b. 记录。在“现金收支明细表”中相应的方格内登记现金的减少数。

2）变卖生产线

①生产总监。生产总监主要负责以下事项：

a. 变卖生产线。生产线只能按照残值变卖。变卖时，将生产线标识牌及其产品生产标识牌交还交易处，并将生产线的净值从沙盘上生产线前面表示其净值的桶里取出，将等同于变卖生产线残值的部分交给财务总监，相当于变卖收到的现金。

b. 生产线净值与残值差额的处理。如果生产线净值大于残值，则将净值大于残值的差额部分放在沙盘上综合费用区的“其他”处，表示出售生产线的净损失。

②财务总监。财务总监主要负责以下事项：

a. 收现金。将变卖生产线收到的现金放入现金库。

b. 记录。在“现金收支明细表”中相应的方格内登记现金的增加数。

3）生产线转产

①生产总监。生产总监主要负责以下事项：

a. 更换标识。持原产品标识在交易处更换新的产品生产标识，没有转产期的，直接将新的产品生产标识正面放置在“产品标识”处；有转产期的，要将新的产品生产标识反扣在“产品标识”处，待该生产线转产期满、可以生产产品时，再将该产品生产标识正面放置在“产品标识”处。

b. 支付转产费。如果转产需要支付转产费，则应向财务总监申请转产费，放置在综合费用区“转产费”的位置。

c. 记录。正确完成以上全部操作后，在任务清单对应方格内打“√”；如果不进行上述操作，则在任务清单对应方格内打“×”。

②财务总监。财务总监主要负责以下事项：

a. 支付转产费。如果转产需要支付转产费，则应将现金交给生产总监。

b. 记录。在“现金收支明细表”中相应的方格内登记现金的减少数。

③CEO。监督生产总监和财务总监正确完成以上操作后，在任务清单对应方格内打“√”。如果不进行上述操作，则在任务清单对应方格内打“×”。

（6）开始下一批生产

如果企业有空置的生产线，应尽量安排生产。因为闲置的生产线仍然需要支付设备维护费、计提折旧，企业只有生产并销售产品，这些固定费用才能得到弥补。

操作要点如下：

1）生产总监。生产总监主要负责以下事项：

①领用原材料。从采购总监处申请、领用生产产品所需要的原材料。

②取得加工费。从财务总监处申请、取得生产产品所需要的加工费。

③上线生产。将生产产品所需要的原材料和加工费放置在空桶中（一个空桶代表一个产品），然后将这些空桶放置在空置的生产线上，表示开始投入生产。

④记录。在任务清单对应的方格内登记投产产品的种类和数量。

2）财务总监。财务总监主要负责以下事项：

①支付现金。审核生产总监提出的产品加工费申请后，将现金交给生产总监。

②记录。在“现金收支明细表”中相应的方格内登记现金的减少数。

3）采购总监。采购总监主要负责以下事项：

①发放原材料。根据生产总监的申请，发放生产产品所需要的原材料。

②记录。在任务清单对应的方格内登记原材料的减少数。

4）CEO。监督生产总监、财务总监和采购总监正确完成以上操作后，在任务清单对应方格内打“√”。

（7）更新应收账款 / 应收账款收现

在 ERP 沙盘模拟运营中，企业销售产品后收到的大多是应收账款。每个季度，企业应当将应收账款向现金库方向推进一格，表示应收账款账期的减少。当应收账款被推进现金库时，表示应收账款到期，企业应持“应收账款凭条”到交易处领取现金。

操作要点如下：

1）财务总监。财务总监主要负责以下事项：

①更新应收账款。将应收账款向现金库方向推进一格。当应收账款推进现金库时，表示应收账款到期。

②应收账款收现。如果应收账款到期，应持“应收账款登记表”“任务清单”“应收账

款凭条”到交易处领取相应现金。

③记录。在“现金收支明细表”中相应的方格内登记应收账款到期收到的现金增加数。

2）CEO。监督财务总监正确完成以上操作后，在任务清单对应方格内打“√”。

（8）出售厂房

企业如果需要筹集资金，可以随时出售厂房。如果出售，厂房将按原值售出。出售厂房当期不能收到现金，只能收到账期为 4Q 的应收账款。厂房卖掉当年，必须支付租金。

操作要点如下：

1）生产总监。生产总监主要负责以下事项：

①出售厂房。将“厂房价值”拿到交易处，换取一张 40M、4Q 的“应收账款凭条”，交给财务总监。

②记录。在任务清单对应的方格内打“√”。

2）财务总监。财务总监主要负责以下事项：

①收到“应收账款凭条”。将收到的“应收账款凭条”放置在一个空桶中，然后放置在沙盘上应收账款 4Q 位置。

②记录。在“应收账款登记表”上登记收到的应收账款金额和账期，在任务清单对应的方格内打“√”。

3）CEO。监督生产总监和财务总监正确完成以上操作后，在任务清单对应方格内打“√”。

（9）按订单交货

企业只有将产品销售出去才能实现收入，也才能收回垫支的各项成本费用。产品生产出来后，企业应按销售订单要求交货。

操作要点如下：

1）营销总监。营销总监主要负责以下事项：

①销售。销售产品前，先在“订单登记表”中“是否交货”对应方格内打“√”，然后将销售订单和相应数量的产品拿到交易处销售。销售后，将收到的“应收账款凭条”或现金交给财务总监。

②记录。在完成以上操作后，在任务清单对应方格内打“√”。如果不进行上述操作，则在任务清单对应方格内打“×”。

2）财务总监。财务总监主要负责以下事项：

①收到销货款或“应收账款凭条”。如果销售产品取得的是“应收账款凭条”，则将凭条放在空桶内，然后放在应收账款相应的“账期”处；如果收到的是现金，则将现金放入现金库。

②记录。如果销售产品收到的是“应收账款凭条”，在“应收账款登记表”上登记应收账款的金额和账期；如果收到的是现金，在“现金收支明细表”中相应的方格内登记现金的增加数。

3）CEO。监督营销总监和财务总监正确完成以上操作后，在任务清单对应方格内打“√”。如果不进行上述操作，则在任务清单对应方格内打“×”。

（10）产品研发投资

企业要研发新产品，必须投入研发费用。每个季度的研发费用在季末一次性支付。新产品研发完成后，企业在下一季度可以投产。

操作要点如下：

1）营销总监。营销总监主要负责以下事项：

①研发投资。企业如果需要研发新产品，应先在交易处申请并领取相应产品的生产资格标识牌，将标识牌翻转放置在沙盘上的“生产资格”处，然后从财务总监处申请并取得研发所需要的资金，放置在生产资格标识牌上方的空桶内。如果产品研发投资完成，则将生产资格标识牌翻转过来。企业取得生产资格证后，从下一季度开始，可以生产该产品。

②记录。在完成以上操作后，在任务清单对应方格内打“√”。如果不进行上述操作，则在任务清单对应方格内打“×”。

2）财务总监。财务总监主要负责以下事项：

①支付研发费。根据营销总监提出的申请，审核后用现金支付。

②记录。如果支付了研发费，则在“现金收支明细表”中相应的方格内登记现金的减少数。

3）CEO。监督营销总监和财务总监正确完成以上操作后，在任务清单对应方格内打“√”。如果不进行上述操作，则在任务清单对应方格内打“×”。

（11）支付行政管理费用

企业在生产运营过程中会产生管理费用。在 ERP 沙盘模拟运营中，行政管理费用在每季度末一次性支付 1M，无论企业经营情况好坏、业务量多少，都是固定不变的，这是与实际工作有差异的地方。

操作要点如下：

1）财务总监。财务总监主要负责以下事项：

①支付管理费。每季度末从现金库拿出 1M 放置在综合费用区“管理费”的位置。

②记录。在“现金收支明细表”中相应的方格内登记现金的减少数。

2）CEO。监督财务总监正确完成以上操作后，在任务清单对应方格内打“√”。

（12）季末现金盘点

为了保证账实相符，企业应当定期对现金进行盘点。盘点主要采用实地盘点法，即对沙盘盘面的现金进行清点，确定实有数，然后与财务总监“现金收支明细表”上的余额进行核对，最终确定余额。

操作要点如下：

1）财务总监。财务总监主要负责以下事项：

①盘点现金库。

②计算现金收支明细表季末余额。

③记录。若账实相符，在任务清单对应方格内打“√”。若账实不符，查找不符原因，调整相符后，在任务清单对应方格内打“√”。

2）CEO。监督财务总监正确完成以上操作后，在任务清单对应方格内打“√”。

3. 年末经营

企业日常经营活动结束后，会在年末进行个别经营活动，主要是进行各种账项的计算和结转，编制综合费用明细表、利润表和资产负债表，核算当年的经营成果，反映当年的财务状况，并对当年的经营情况进行分析和总结。

（1）支付利息 / 更新长期贷款 / 申请长期贷款

企业为了持续发展，可能需要借入长期贷款。长期贷款主要是用于长期资产投资，比如购买生产线、产品研发等。在 ERP 沙盘模拟运营中，长期贷款只能在每年年初进行，贷款期限在一年以上，每年年初付息一次，到期还本。本年初借入的长期贷款，到下年初支付贷款利息。

操作要点如下：

1）财务总监。财务总监主要负责以下事项：

①支付利息。根据企业已经借入的长期贷款计算本年应支付的长期贷款利息，从现金库中取出相应的利息费放置在综合费用区“利息”的位置。

②更新长期贷款。将长期贷款往现金库方向推进一格，表示距离到期日越来越近，偿还期在缩短。如果长期贷款已经推进现金库，表示长期贷款到期，应持相应现金和“公司贷款登记表”到交易处归还贷款。

③申请长期贷款。如果企业当期有到期未偿还的长期贷款，又准备申请新的贷款，必须先将到期的长期贷款本息结清。需持上年度财务报表、“公司贷款登记表”和“公司贷款申请表”到交易处，经过交易处审核后发放贷款。收到长期贷款后，将现金放入现金库。同时放一个空桶在长期贷款对应的期限处，将“公司贷款申请表”放置在空桶内。

④记录。在“公司贷款登记表”上登记归还和借入的长期贷款本金金额，在“现金收支明细表”上登记偿还长期贷款本金和支付长期贷款利息的现金减少数，登记借入长期贷款的现金增加数。需要注意的是，到期偿还的长期贷款在当年是有利息产生的；在“现金收支明细表”对应的方格内要逐项列明现金的增减变动数，不能填写现金减少数和增加数抵销后的余额。例如，第四年年初，偿还到期长期贷款本金 20M，支付长期贷款利息 4M（另有未到期长期贷款 20M），后申请 40M 长期贷款。在“现金收支明细表”该项目对应方格中，应登记为“−20−4+40”，而不是“16”。

2）CEO。监督财务总监正确完成以上操作后，在任务清单对应方格内打“√”。如果不进行上述操作，则在任务清单对应方格内打“×”。

（2）支付设备维护费

设备在使用过程中会发生磨损，要保证设备正常运转，就需要进行维护。设备维护会产生诸如材料费、人工费等维护费用。在 ERP 沙盘模拟运营中，只有生产线需要支付维护费。年末，只要有生产线，不论生产线是在产还是闲置状态，都应支付维护费。在建的生产线和出售的生产线不用支付维护费。设备维护费在每年年末用现金一次性支付。

操作要点如下：

1）财务总监。财务总监主要负责以下事项：

①支付设备维护费。根据年末建成的生产线条数计算设备维护费，无论生产线是在产还是闲置状态。支付设备维护费时，从现金库取出相应现金放在综合费用区“维护费”的位置。

②记录。在“现金收支明细表”中相应的方格内登记现金的减少数。

2）CEO。监督财务总监正确完成以上操作后，在任务清单对应方格内打“√”。

（3）支付租金（或购买建筑）

企业要生产产品，必须有厂房。厂房可以购买，也可以租用。年末，企业如果在使用租入的厂房，则必须支付租金；如果企业不愿支付租金，则必须购买。

操作要点如下：

1）财务总监。财务总监主要负责以下事项：

①支付租金。从现金库取出相应现金放在综合费用区“租金”的位置。

②购买厂房。从现金库取出相应资金放在厂房的“价值”处。

③记录。在“现金收支明细表”中相应的方格内登记支付租金或购买厂房的现金减少数。

2）CEO。监督财务总监正确完成以上操作后，在任务清单对应方格内打“√”。如果不进行上述操作，则在任务清单对应方格内打“×”。

（4）计提折旧

固定资产在使用过程中会发生损耗，导致价值降低，因此，应对固定资产计提折旧。在ERP沙盘模拟运营中，固定资产计提折旧的时间、范围和方法可以与实际工作一致，也可以采用简化的方法。根据规则，对固定资产计提折旧采用了简化的处理方法，与实际工作有一些差异。这些差异主要体现在：折旧在每年年末计提一次，计提折旧的范围仅限于生产线，折旧计算的方法采用直线法。在会计处理上，折旧费全部作为当期的期间费用，没有计入产品成本。

操作要点如下：

1）财务总监。财务总监主要负责以下事项：

①计提折旧。根据规则对生产线计提折旧。计提折旧时，根据每条生产线的折旧额从“生产线净值”处取出相应金额放在综合费用区“折旧”的位置。

②记录。在任务清单对应方格内登记计提折旧的金额。需要注意的是，在计算现金支出时，折旧不能计算在内，因为折旧是非付现成本，不影响企业的现金流。

2）CEO。监督财务总监正确完成以上操作后，在任务清单对应方格内打“√”。

（5）新市场开拓投资/ISO资格认证投资

企业要扩大产品的销路就必须开拓新市场。开拓不同市场需要的时间和资金是不同的。有的市场对产品有ISO资格认证要求，企业就需要进行ISO资格认证投资。在ERP沙盘模拟运营中，每年开拓市场和进行ISO资格认证的费用在年末一次性支付，计入当年的综合费用。

操作要点如下：

1）营销总监。营销总监主要负责以下事项：

①新市场开拓投资。在交易处申请并领取想要开拓的市场的准入证，将准入证翻转放置在市场准入对应的位置上；从财务总监处申请开拓市场所需要的现金，放在翻转的市场准入证上。市场开拓完成后，将市场准入证翻转过来，放在沙盘对应的位置上。

② ISO 资格认证投资。在交易处申请并领取想要认证的 ISO 资格标识牌，将标识牌翻转放置在 ISO 资格认证对应的位置上；从财务总监处申请 ISO 资格认证所需要的现金，放在翻转的 ISO 资格认证标识牌上。ISO 资格认证完成后，将 ISO 资格认证标识牌翻转过来，放在沙盘对应的位置上。

③记录。进行新市场开拓投资或 ISO 资格认证投资后，在任务清单对应方格内打"√"。如果不进行上述操作，则在任务清单对应方格内打"×"。待新市场开拓投资或 ISO 资格认证投资完成时，在任务清单对应方格内注明开拓的市场名称或 ISO 资格名称，表示该市场可以投放广告或该 ISO 资格已经具备。

2）财务总监。财务总监主要负责以下事项：

①支付投资费用。根据营销总监的申请，审核后将市场开拓和 ISO 资格认证所需的现金支付给营销总监。

②记录。在"现金收支明细表"中相应的方格内登记现金的减少数。

3）CEO。监督营销总监、财务总监正确完成以上操作后，在任务清单对应方格内打"√"。如果不进行上述操作，则在任务清单对应方格内打"×"。

（6）关账

年度终了，企业要进行一次盘点，编制相关会计报表，及时反映当年的财务状况和经营成果。一经关账后，本年度的经营完全结束，本年度所有的经营数据不能随意更改。关账后，在任务清单对应方格内打"√"。

在 ERP 沙盘模拟运营中，企业主要编制的会计报表有产品核算统计表、综合费用明细表、利润表和资产负债表。

1）产品核算统计表。产品成本核算表是核算企业在经营期间产品销售情况的报表，反映企业在一定经营期间的产品销售数量、销售收入、销售成本和毛利等情况，是编制利润表的依据之一，见表 4-16。

表 4-16　产品核算统计表

项　目	P1	P2	P3	P4	合计
销售数量 / 个					
销售收入 /M					
销售成本 /M					
毛利 /M					

产品核算统计表是根据企业实际销售情况编制的，数据来源于订单登记表（见表 3-7）。

企业在取得销售订单后，营销总监应及时在订单登记表上记录订单详情；在按订单交货实现销售后，营销总监要及时在订单登记表的最后一行进行标记。年末，企业经营活动结束后，营销总监根据订单登记表，按产品种类汇总各类产品的销售数量、销售收入、销售成本和毛利，并将汇总结果填列在产品核算统计表中。之后，营销总监将产品核算统计表交给财务总监，财务总监根据产品核算统计表中汇总的数据，分别填入利润表的“销售收入”“直接成本”“毛利”栏内。

2）综合费用明细表。综合费用明细表是综合反映企业在经营期间发生的各种除产品生产成本、财务费用、折旧费用外的其他费用的报表，见表 4-17。它在沙盘上综合费用区的各项支出与各种表单中填列的相关费用核对无误后进行填写。

表 4-17　综合费用明细表　　单位：M

项　目		金　额	备　注
行政管理费	+		
广告费	+		
设备维护费	+		
厂房租金	+		
转产费	+		
市场开拓	+		区域（ ）国内（ ）亚洲（ ）国际（ ）
ISO 认证	+		ISO 9000（ ）ISO 14000（ ）
产品研发	+		P2（ ）P3（ ）P4（ ）
其他	+		
合计	=		

综合费用明细表的编制方法如下：

①“行政管理费”项目根据企业本年支付的行政管理费填列。在 ERP 沙盘模拟运营中，企业每季度支付 1M 行政管理费，全年共支付行政管理费 4M。

②“广告费”项目根据企业本年年初“广告登记表”中填列的广告费填列。

③“设备维护费”项目根据企业实际支付的生产线维护费填列。根据规则，只要生产线完工，无论是否生产，都应当支付设备维护费。

④“厂房租金”项目根据企业支付的厂房租金填列。

⑤“转产费”项目根据企业生产线转产支付的转产费填列。

⑥“市场开拓”项目根据企业本年开发市场支付的开发费填列。为了明确开拓的市场，需要在“备注”栏本年开拓的市场后打“√”。

⑦“ISO 认证”项目根据企业本年进行 ISO 资格认证支付的开发费填列。为了明确 ISO 资格认证的种类，需要在“备注”栏本年认证的 ISO 资格后打“√”。

⑧“产品研发”项目根据企业本年研发产品支付的研发费填列。为了明确产品研发的品种，需要在“备注”栏本年开发的产品后打“√”。

⑨“其他”项目根据企业产生的其他支出填列，如生产线出售时净值大于残值的部分。

3）利润表。利润表是反映企业一定期间经营成果的会计报表。利润表把一定期间内的营业收入与其同一期间相关的成本费用相配比，从而计算出企业一定时期的利润。编制利润表，可以反映企业生产经营的收益情况、成本耗费情况，表明企业生产经营成果。同时，利润表提供不同时期的比较数字，可用以分析企业利润的发展趋势和获利能力。利润表见表4-18。

表 4-18 利润表

单位：M

项　目		上年数	本年数
销售收入	+		
直接成本	−		
毛利	=		
综合费用	−		
折旧前利润	=		
折旧	−		
支付利息前利润	=		
财务收入 / 支出	+ / −		
其他收入 / 支出	+ / −		
税前利润	=		
所得税	−		
净利润	=		

利润表的编制方法如下：

①利润表中“上年数”栏反映各项目上年的实际发生数，根据上年利润表的“本年数”填列。利润表中“本年数”栏反映各项目本年的实际发生数，根据本年实际发生额的合计填列。

②“销售收入”项目，反映企业销售产品取得的收入总额，根据“产品核算统计表”填列。

③“直接成本”项目，反映企业本年已经销售产品的实际成本，根据“产品核算统计表”填列。

④“毛利”项目，反映企业销售产品实现的毛利，根据销售收入减去直接成本后的余额填列。

⑤“综合费用”项目，反映企业本年发生的综合费用，根据“综合费用明细表”的合计数填列。

⑥“折旧前利润”项目，反映企业在计提折旧前的利润，根据毛利减去综合费用后的余额填列。

⑦“折旧”项目，反映企业当年计提的折旧额，根据当年计提的折旧额填列。

⑧“支付利息前利润”项目，反映企业支付利息前实现的利润，根据折旧前利润减去折旧后的余额填列。

⑨“财务收入 / 支出”项目，反映企业本年发生的财务费用收入或财务费用支出，比如贷款利息、贴息等，根据沙盘上的“利息”填列。

⑩“其他收入 / 支出”项目，反映企业其他业务形成的收入或者支出，比如出租厂房取得的收入等。

⑪“税前利润”项目，反映企业本年实现的利润总额，根据支付利息前利润加上财务收入减去财务支出，再加上其他收入减去其他支出后的余额填列。

⑫“所得税”项目，反映企业本年应纳所得税费用，根据税前利润乘 25% 向下取整后的数额填列。

⑬“净利润”项目，反映企业本年实现的净利润，根据税前利润减去所得税后的余额填列。

4）资产负债表

资产负债表是反映企业某一特定时期财务状况的会计报表。它是根据“资产 = 负债 + 所有者权益”的会计等式编制的，见表 4–19。

表 4–19　资产负债表

单位：M

资　产		期初数	期末数	负债和所有者权益		期初数	期末数
流动资产：				负债：			
现金	+			长期贷款	+		
应收账款	+			短期贷款	+		
在制品	+			特别贷款	+		
成品	+			应付账款	+		
原料	+			应交税费	+		
流动资产合计	=			负债合计	=		
固定资产：				所有者权益：			
土地和建筑	+			股东资本	+		
机器和设备	+			利润留存	+		
在建工程	+			年度净利	+		
固定资产合计	=			所有者权益合计	=		
资产总计	=			负债和所有者权益总计	=		

从资产负债表的结构可以看出，资产负债表由期初数和期末数两个栏目组成。资产负债表的“期初数”栏各项目数字应根据上年末资产负债表“期末数”栏内所列数字填列。

资产负债表的“期末数”栏各项目根据有关项目期末余额资料编制，其数据主要通过以下几种方式取得：

①资产类项目主要根据沙盘盘面的资产状况，通过盘点后的实际金额填列。

②负债类项目中的“长期贷款”和“短期贷款”根据沙盘上的长期贷款和短期贷款数额填列。“应交税费”项目根据企业本年度利润表中的所得税项目金额填列。

③所有者权益类项目中的“股东资本”项目，如果本年股东没有增资，直接根据上年末“资产负债表”中的“股东资本”项目填列；如果发生了增资，则为上年末的股东资本加上本年增资的资本。“利润留存”项目根据上年末资产负债表中的利润留存和“年度净利”两个项目的合计数填列。“年度净利”项目根据本年度利润表中的“净利润”项目填列。

经营结束后，CEO 应召集团队成员对当年的经营情况进行总结，分析决策的成功与失误，经营的得与失，实际与计划的偏差及其原因等。团队成员在如表 4-20 所示的“企业模拟运营结果评价表”中用心总结，用笔记录。沙盘模拟既是训练思维的过程，也是锻炼动手能力的过程。

表 4-20　企业模拟运营结果评价表

公司名称	
年　　度	
经营结果分析评价	
【请同学们对本年度公司财务状况和经营成果（资产情况、产品研发和市场开拓情况、负债情况、所有者权益余额、年度净利润、市场老大情况等）进行分析评价，对决策正确或操作较好的地方以及决策错误或操作失误的地方进行总结，并提出改进方案】	

三、运营过程记录

教学年运营规则：不贷短期贷款，所订原料必须接收，每季度下 1 个 R1 的原料采购订单，生产持续进行，不投资新的生产线，不进行任何产品研发。年底不贷长期贷款，设备维修费每条生产线支付 1M，不购买新的厂房，折旧按规则计提，不进行新的市场开拓与 ISO 认证投资。

教学年订单情况：各队伍支付 1M 广告费即可获取一张销售订单，订单情况如图 4-4 所示。

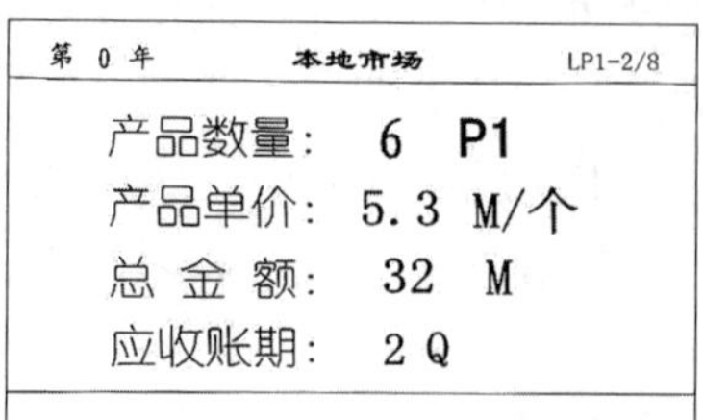

图 4-4　教学年（第零年）销售订单

请各队伍进行教学年（第零年，在ERP沙盘中用“第零年”表示）的模拟运营，并在表4-21至表4-33所示的相关表格中对经营过程进行记录。

表4-21 第零年任务清单

年初经营：	1Q			
支付应交税费（根据上年度结果）				
新年度规划会议				
准备好与客户见面/登记销售订单				
制订新年度计划				
日常经营：	1Q	2Q	3Q	4Q
更新短期贷款/还本付息/申请短期贷款				
原材料入库/更新原料订单				
下原料订单				
更新生产/完工入库				
投资新生产线/变卖生产线/生产线转产				
开始下一批生产				
更新应收账款/应收账款收现				
出售厂房				
按订单交货				
产品研发投资				
支付行政管理费用				
季末现金盘点				
年末经营：	4Q			
支付利息/更新长期贷款/申请长期贷款				
支付设备维护费				
支付租金（或购买建筑）				
计提折旧				
新市场开拓投资/ISO资格认证投资				
关账				

表4-22 第零年产品生产计划表

时　间	超级手工1	超级手工2	超级手工3	自动线1	合计（P1）
-1Y4Q	1	2	3	1	
0Y1Q					
0Y2Q					
0Y3Q					
0Y4Q					
合计					

表 4-23　第零年企业模拟运营战略规划表

公司名称	
年　　度	
经营战略要点记录	
（请同学们根据小组讨论结果，将每一季度的决策要点写出来，如投资自动线、租赁厂房、研发 P2 产品和 P3 产品、开拓本地市场和区域市场、进行 ISO 9000 或 ISO 14000 认证等）	
年初：	
第一季度：	
第二季度：	
第三季度：	
第四季度：	
年末：	

表 4-24　第零年订单登记表

订单号						总　数
市　场						
产　品						
数量 / 个						
账期 / 季度						
订单销售额 /M						
成本 /M						
毛利 /M						
是否交货（√ / ×）						

表 4-25　第零年产品生产计划表（调整后）

时　间	超级手工 1	超级手工 2	超级手工 3	自动线 1	合计（P1）
-1Y4Q	1	2	3	1	
0Y1Q					
0Y2Q					
0Y3Q					
0Y4Q					
合计					

表 4-26　第零年材料采购计划表

时　间	下线 P1	上线 P1	材料需求 R1	材料库存 R1	材料采购 R1	下原料订单 R1
-1Y4Q						
0Y1Q						
0Y2Q						
0Y3Q						
0Y4Q						
合计						

表 4-27　第零年现金预算表　　单位：M

项　目	1Q	2Q	3Q	4Q
支付上年应交税费				
期初库存现金				
支付长期贷款利息				
支付到期长期贷款本金				
市场广告费投入				
折现费用				
支付短期贷款利息				
支付到期短期贷款本金				
支付原料采购现金				
支付生产线投资				
支付生产线转产费				
支付产品加工费				
收到现金前的所有支出				
应收账款到期				
支付产品研发投资				
支付管理费用				
支付设备维护费用				
支付租金				
支付购买厂房费用				
支付市场开拓费用				
支付 ISO 认证费				
其他				
现金收入合计				
现金支出合计				
现金多余或不足				
向银行贷款				
贴现收到现金				
期末现金余额				

注：“+”表示现金流入，“–”表示现金流出。

表 4–28　第零年现金收支明细表

单位：M

项　目	1Q	2Q	3Q	4Q
偿还长期贷款及利息				
支付上年应交税费				
申请长期贷款				
市场营销				
折现费用				
期初现金盘点				
偿还短期贷款及利息				
申请短期贷款				
原料采购支付现金				
成品采购支付现金				
生产线投资				
变卖生产线（+）				
支付转产费用				
支付产品加工费				
应收账款到期（+）				
产品研发投资				
行政管理费用				
变卖原料（+）				
设备维护费				
租金				
购买新建筑				
市场开拓投资				
ISO 认证投资				
其他				
现金收入总计				
现金支出总计				
期末现金余额				

注：“+”表示现金流入，“–”表示现金流出。

表 4–29　第零年产品核算统计表

项　目	P1	P2	P3	P4	合　计
销售数量 / 个					
销售收入 /M					
销售成本 /M					
毛利 /M					

表 4-30　第零年综合费用明细表　　单位：M

项　目		金　额	备　注
行政管理费	+		
广告费	+		
设备维护费	+		
厂房租金	+		
转产费	+		
市场开拓	+		区域（ ）国内（ ）亚洲（ ）国际（ ）
ISO 认证	+		ISO 9000（　）ISO 14000（　）
产品研发	+		P2（　）P3（　）P4（　）
其他	+		
合计	=		

表 4-31　第零年利润表　　单位：M

项　目		上年数	本年数
销售收入	+		
直接成本	−		
毛利	=		
综合费用	−		
折旧前利润	=		
折旧	−		
支付利息前利润	=		
财务收入 / 支出	+ / −		
其他收入 / 支出	+ / −		
税前利润	=		
所得税	−		
净利润	=		

表 4-32　第零年资产负债表　　单位：M

资　产		期初数	期末数	负债和所有者权益		期初数	期末数
流动资产：				负债：			
现金	+			长期贷款	+		
应收账款	+			短期贷款	+		
在制品	+			特别贷款	+		
成品	+			应付账款	+		
原料	+			应交税费	+		
流动资产合计	=			负债合计	=		
固定资产：				所有者权益：			
土地和建筑	+			股东资本	+		
机器和设备	+			利润留存	+		
在建工程	+			年度净利	+		
固定资产合计	=			所有者权益合计	=		
资产总计	=			负债和所有者权益总计	=		

表 4-33 第零年企业模拟运营结果评价表

公司名称	
年　度	
经营结果分析评价	
【请同学们对本年度公司财务状况和经营成果（资产情况、产品研发和市场开拓情况、负债情况、所有者权益余额、年度净利润、市场老大情况等）进行分析评价，对决策正确或操作较好的地方以及决策错误或操作失误的地方进行总结，并提出改进方案】	

第二节　物理沙盘模拟运营第一年

一、实训目标

熟悉模拟运营流程，掌握模拟运营规则，能够准确编制综合费用明细表、利润表及资产负债表。

二、运营过程记录

请各队伍进行物理沙盘第一年的模拟运营，并在如表 4-34 至表 4-46 所示的相关表格中对经营过程进行记录。

表 4-34 第一年任务清单

年初经营：	1Q			
支付应交税费（根据上年度结果）				
新年度规划会议				
准备好与客户见面 / 登记销售订单				
制订新年度计划				
日常经营：	1Q	2Q	3Q	4Q
更新短期贷款 / 还本付息 / 申请短期贷款				

续表

原材料入库 / 更新原料订单				
下原料订单				
更新生产 / 完工入库				
投资新生产线 / 变卖生产线 / 生产线转产				
开始下一批生产				
更新应收账款 / 应收账款收现				
出售厂房				
按订单交货				
产品研发投资				
支付行政管理费用				
季末现金盘点				
年末经营：	4Q			
支付利息 / 更新长期贷款 / 申请长期贷款				
支付设备维护费				
支付租金（或购买建筑）				
计提折旧				
新市场开拓投资 / ISO 资格认证投资				
关账				

表 4-35 第一年产品生产计划表

时 间								合 计
0Y4Q								
1Y1Q								
1Y2Q								
1Y3Q								
1Y4Q								
合计								

表 4-36 第一年企业模拟运营战略规划表

公司名称	
年 度	
经营战略要点记录	
（请同学们根据小组讨论结果，将每一季度的决策要点写出来，如投资自动线、租赁厂房、研发 P2 产品和 P3 产品、开拓本地市场和区域市场、进行 ISO 9000 或 ISO 14000 认证等）	
年初：	
第一季度：	
第二季度：	
第三季度：	
第四季度：	
年末：	

表 4-37　第一年订单登记表

订单号						总　数
市场						
产品						
数量 / 个						
账期 / 季度						
订单销售额 /M						
成本 /M						
毛利 /M						
是否交货（√ / ×）						

表 4-38　第一年产品生产计划表（调整后）

时　间								合　计
0Y4Q								
1Y1Q								
1Y2Q								
1Y3Q								
1Y4Q								
合计								

表 4-39　第一年材料采购计划表

时　间	下　线	上线	材料需求	材料库存	材料采购	下原料订单
0Y4Q						
1Y1Q						
1Y2Q						
1Y3Q						
1Y4Q						
合计						

表 4-40　第一年现金预算表　　单位：M

项　目	1Q	2Q	3Q	4Q
期初库存现金				
支付上年应交税费				
支付长期贷款利息				
支付到期长期贷款本金				
市场广告费投入				
折现费用				
支付短期贷款利息				
支付到期短期贷款本金				
支付原料采购现金				
支付生产线投资				
支付生产线转产费				

续表

项　目	1Q	2Q	3Q	4Q
支付产品加工费				
收到现金前的所有支出				
应收账款到期				
支付产品研发投资				
支付管理费用				
支付设备维护费用				
支付租金				
支付购买厂房费用				
支付市场开拓费用				
支付 ISO 认证费				
其他				
现金收入合计				
现金支出合计				
现金多余或不足				
向银行贷款				
贴现收到现金				
期末现金余额				

注："+"表示现金流入，"–"表示现金流出。

表 4–41　第一年现金收支明细表　　单位：M

项　目	1Q	2Q	3Q	4Q
支付上年应交税费				
偿还长期贷款及利息				
申请长期贷款				
市场营销				
折现费用				
期初现金盘点				
偿还短期贷款及利息				
申请短期贷款				
原料采购支付现金				
成品采购支付现金				
生产线投资				
变卖生产线（+）				
支付转产费用				
支付产品加工费				
应收账款到期（+）				
产品研发投资				
行政管理费用				
变卖原料（+）				
设备维护费				

续表

项　目	1Q	2Q	3Q	4Q
租金				
购买新建筑				
市场开拓投资				
ISO 认证投资				
其他				
现金收入总计				
现金支出总计				
期末现金余额				

注："+"表示现金流入，"−"表示现金流出。

表 4-42　第一年产品核算统计表

项　目	P1	P2	P3	P4	合　计
销售数量 / 个					
销售收入 /M					
销售成本 /M					
毛利 /M					

表 4-43　第一年综合费用明细表　　单位：M

项　目		金　额	备　注
行政管理费	+		
广告费	+		
设备维护费	+		
厂房租金	+		
转产费	+		
市场开拓	+		区域（ ）国内（ ）亚洲（ ）国际（ ）
ISO 认证	+		ISO 9000（ ）ISO 14000（ ）
产品研发	+		P2（ ）P3（ ）P4（ ）
其他	+		
合计	=		

表 4-44　第一年利润表　　单位：M

项　目		上年数	本年数
销售收入	+		
直接成本	−		
毛利	=		
综合费用	−		
折旧前利润	=		
折旧	−		
支付利息前利润	=		
财务收入 / 支出	+ / −		
其他收入 / 支出	+ / −		
税前利润	=		
所得税	−		
净利润	=		

表 4-45　第一年资产负债表

单位：M

资　产		期初数	期末数	负债和所有者权益		期初数	期末数
流动资产：				负债：			
现金	+			长期贷款	+		
应收账款	+			短期贷款	+		
在制品	+			特别贷款	+		
成品	+			应付账款	+		
原料	+			应交税费	+		
流动资产合计	=			负债合计	=		
固定资产：				所有者权益：			
土地和建筑	+			股东资本	+		
机器和设备	+			利润留存	+		
在建工程	+			年度净利	+		
固定资产合计	=			所有者权益合计	=		
资产总计	=			负债和所有者权益总计	=		

表 4-46　第一年企业模拟运营结果评价表

公司名称	
年　　度	
经营结果分析评价	
【请同学们对本年度公司财务状况和经营成果（资产情况、产品研发和市场开拓情况、负债情况、所有者权益余额、年度净利润、市场老大情况等）进行分析评价，对决策正确或操作较好的地方以及决策错误或操作失误的地方进行总结，并提出改进方案】	

第三节　物理沙盘模拟运营第二年

一、实训目标

熟练掌握模拟运营规则，熟练编制综合费用明细表、利润表和资产负债表，能够掌握生产计划表和采购计划表的编制方法。

二、运营过程记录

请各队伍进行物理沙盘第二年的模拟运营，并在如表 4-47 至表 4-59 所示的相关表格中对经营过程进行记录。

表 4-47　第二年任务清单

年初经营：	1Q			
支付应交税费（根据上年度结果）				
新年度规划会议				
准备好与客户见面 / 登记销售订单				
制订新年度计划				
日常经营：	1Q	2Q	3Q	4Q
更新短期贷款 / 还本付息 / 申请短期贷款				
原材料入库 / 更新原料订单				
下原料订单				
更新生产 / 完工入库				
投资新生产线 / 变卖生产线 / 生产线转产				
开始下一批生产				
更新应收账款 / 应收账款收现				
出售厂房				
按订单交货				
产品研发投资				
支付行政管理费用				
季末现金盘点				
年末经营：	4Q			
支付利息 / 更新长期贷款 / 申请长期贷款				
支付设备维护费				
支付租金（或购买建筑）				
计提折旧				
新市场开拓投资 / ISO 资格认证投资				
关账				

表 4-48　第二年产品生产计划表

时　间								合　计
1Y4Q								
2Y1Q								
2Y2Q								
2Y3Q								
2Y4Q								
合计								

表 4–49　第二年企业模拟运营战略规划表

公司名称	
年　　度	
经营战略要点记录	
（请同学们根据小组讨论结果，将每一季度的决策要点写出来，如投资自动线、租赁厂房、研发 P2 产品和 P3 产品、开拓本地市场和区域市场、进行 ISO 9000 或 ISO 14000 认证等）	
年初：	
第一季度：	
第二季度：	
第三季度：	
第四季度：	
年末：	

表 4–50　第二年订单登记表

订单号						总　数
市场						
产品						
数量 / 个						
账期 / 季度						
订单销售额 /M						
成本 /M						
毛利 /M						
是否交货（√ / ×）						

表 4–51　第二年产品生产计划表（调整后）

时　间								合　计
1Y4Q								
2Y1Q								
2Y2Q								
2Y3Q								
2Y4Q								
合计								

表 4–52　第二年材料采购计划表

时　间	下　线	上　线	材料需求	材料库存	材料采购	下原料订单
1Y4Q						
2Y1Q						
2Y2Q						
2Y3Q						
2Y4Q						
合计						

表 4-53　第二年现金预算表　　单位：M

项　目	1Q	2Q	3Q	4Q
期初库存现金				
支付上年应交税费				
支付长期贷款利息				
支付到期长期贷款本金				
市场广告费投入				
折现费用				
支付短期贷款利息				
支付到期短期贷款本金				
支付原料采购现金				
支付生产线投资				
支付生产线转产费				
支付产品加工费				
收到现金前的所有支出				
应收账款到期				
支付产品研发投资				
支付管理费用				
支付设备维护费用				
支付租金				
支付购买厂房费用				
支付市场开拓费用				
支付 ISO 认证费				
其他				
现金收入合计				
现金支出合计				
现金多余或不足				
向银行贷款				
贴现收到现金				
期末现金余额				

注：“+”表示现金流入，“–”表示现金流出。

表 4-54　第二年现金收支明细表

单位：M

项　目	1Q	2Q	3Q	4Q
支付上年应交税费				
偿还长期贷款及利息				
申请长期贷款				
市场营销				
折现费用				
期初现金盘点				
偿还短期贷款及利息				
申请短期贷款				
原料采购支付现金				
成品采购支付现金				
生产线投资				
变卖生产线（+）				
支付转产费用				
支付产品加工费				
应收账款到期（+）				
产品研发投资				
行政管理费用				
变卖原料（+）				
设备维护费				
租金				
购买新建筑				
市场开拓投资				
ISO 认证投资				
其他				
现金收入总计				
现金支出总计				
期末现金余额				

注：“+”表示现金流入，“–”表示现金流出。

表 4-55　第二年产品核算统计表

项　目	P1	P2	P3	P4	合　计
销售数量 / 个					
销售收入 /M					
销售成本 /M					
毛利 /M					

表 4-56　第二年综合费用明细表

单位：M

项　目		金　额	备　注
行政管理费	+		
广告费	+		
设备维护费	+		
厂房租金	+		
转产费	+		
市场开拓	+		区域（ ）国内（ ）亚洲（ ）国际（ ）
ISO 认证	+		ISO 9000 （ ） ISO 14000 （ ）
产品研发	+		P2 （ ） P3 （ ） P4 （ ）
其他	+		
合计	=		

表 4-57　第二年利润表

单位：M

项　目		上年数	本年数
销售收入	+		
直接成本	−		
毛利	=		
综合费用	−		
折旧前利润	=		
折旧	−		
支付利息前利润	=		
财务收入 / 支出	+/ −		
其他收入 / 支出	+/ −		
税前利润	=		
所得税	−		
净利润	=		

表 4-58　第二年资产负债表

单位：M

资产		期初数	期末数	负债和所有者权益		期初数	期末数
流动资产：				负债：			
现金	+			长期贷款	+		
应收账款	+			特别贷款	+		
在制品	+			短期贷款	+		
成品	+			应付账款	+		
原料	+			应交税费	+		
流动资产合计	=			负债合计	=		
固定资产：				所有者权益：			
土地和建筑	+			股东资本	+		
机器和设备	+			利润留存	+		
在建工程	+			年度净利	+		
固定资产合计	=			所有者权益合计	=		
资产总计	=			负债和所有者权益总计	=		

表 4-59　第二年企业模拟运营结果评价表

<table>
<tr><td>公司名称</td><td></td></tr>
<tr><td>年　　度</td><td></td></tr>
<tr><td colspan="2">经营结果分析评价</td></tr>
<tr><td colspan="2">【请同学们对本年度公司财务状况和经营成果（资产情况、产品研发和市场开拓情况、负债情况、所有者权益余额、年度净利润、市场老大情况等）进行分析评价，对决策正确或操作较好的地方以及决策错误或操作失误的地方进行总结，并提出改进方案】</td></tr>
</table>

第四节　物理沙盘模拟运营第三年

一、实训目标

理解沙盘模拟中“以销定产”的观念，能够准确编制生产计划表和采购计划表，能够按计划实施生产和进行采购工作。

二、运营过程记录

请各队伍进行物理沙盘第三年的模拟运营，并在如表 4-60 至表 4-72 所示的相关表格中对经营过程进行记录。

表 4-60 第三年任务清单

年初经营：	1Q			
支付应交税费（根据上年度结果）				
新年度规划会议				
准备好与客户见面 / 登记销售订单				
制订新年度计划				
日常经营：	1Q	2Q	3Q	4Q
更新短期贷款 / 还本付息 / 申请短期贷款				
原材料入库 / 更新原料订单				
下原料订单				
更新生产 / 完工入库				
投资新生产线 / 变卖生产线 / 生产线转产				
开始下一批生产				
更新应收账款 / 应收账款收现				
出售厂房				
按订单交货				
产品研发投资				
支付行政管理费用				
季末现金盘点				
年末经营：	4Q			
支付利息 / 更新长期贷款 / 申请长期贷款				
支付设备维护费				
支付租金（或购买建筑）				
计提折旧				
新市场开拓投资 / ISO 资格认证投资				
关账				

表 4-61 第三年产品生产计划表

时　间								合　计
2Y4Q								
3Y1Q								
3Y2Q								
3Y3Q								
3Y4Q								
合计								

表 4-62　第三年企业模拟运营战略规划表

公司名称	
年　　度	
经营战略要点记录	
（请同学们根据小组讨论结果，将每一季度的决策要点写出来，如投资自动线、租赁厂房、研发 P2 产品和 P3 产品、开拓本地市场和区域市场、进行 ISO 9000 或 ISO 14000 认证等）	
年初：	
第一季度：	
第二季度：	
第三季度：	
第四季度：	
年末：	

表 4-63　第三年订单登记表

订单号						总　数
市场						
产品						
数量 / 个						
账期 / 季度						
订单销售额 /M						
成本 /M						
毛利 /M						
是否交货（√ / ×）						

表 4-64　第三年产品生产计划表（调整后）

时　间							合　计
2Y4Q							
3Y1Q							
3Y2Q							
3Y3Q							
3Y4Q							
合计							

表 4-65　第三年材料采购计划表

时　间	下　线	上　线	材料需求	材料库存	材料采购	下原料订单
2Y4Q						
3Y1Q						
3Y2Q						
3Y3Q						
3Y4Q						
合计						

表 4-66　第三年现金预算表

单位：M

项　目	1Q	2Q	3Q	4Q
期初库存现金				
支付上年应交税费				
支付长期贷款利息				
支付到期长期贷款本金				
市场广告费投入				
折现费用				
支付短期贷款利息				
支付到期短期贷款本金				
支付原料采购现金				
支付生产线投资				
支付生产线转产费				
支付产品加工费				
收到现金前的所有支出				
应收账款到期				
支付产品研发投资				
支付管理费用				
支付设备维护费用				
支付租金				
支付购买厂房费用				
支付市场开拓费用				
支付 ISO 认证费				
其他				
现金收入合计				
现金支出合计				
现金多余或不足				
向银行贷款				
贴现收到现金				
期末现金余额				

注：“+”表示现金流入，“–”表示现金流出。

表 4–67　第三年现金收支明细表　　单位：M

项　目	1Q	2Q	3Q	4Q
支付上年应交税费				
偿还长期贷款及利息				
申请长期贷款				
市场营销				
折现费用				
期初现金盘点				
偿还短期贷款及利息				
申请短期贷款				
原料采购支付现金				
成品采购支付现金				
生产线投资				
变卖生产线（+）				
支付转产费用				
支付产品加工费				
应收账款到期（+）				
产品研发投资				
行政管理费用				
变卖原料（+）				
设备维护费				
租金				
购买新建筑				
市场开拓投资				
ISO 认证投资				
其他				
现金收入总计				
现金支出总计				
期末现金余额				

注：“+”表示现金流入，“–”表示现金流出

表 4–68　第三年产品核算统计表

项　目	P1	P2	P3	P4	合　计
销售数量 / 个					
销售收入 /M					
销售成本 /M					
毛利 /M					

表 4-69　第三年综合费用明细表

单位：M

项　目		金　额	备　注
行政管理费	+		
广告费	+		
设备维护费	+		
厂房租金	+		
转产费	+		
市场开拓	+		区域（　）国内（　）亚洲（）国际（　）
ISO 认证	+		ISO 9000（　）ISO 14000（　）
产品研发	+		P2（　）P3（　）P4（　）
其他	+		
合计	=		

表 4-70　第三年利润表

单位：M

项　目		上年数	本年数
销售收入	+		
直接成本	−		
毛利	=		
综合费用	−		
折旧前利润	=		
折旧	−		
支付利息前利润	=		
财务收入 / 支出	+ / −		
其他收入 / 支出	+ / −		
税前利润	=		
所得税	−		
净利润	=		

表 4-71　第三年资产负债表

单位：M

资　产		期初数	期末数	负债和所有者权益		期初数	期末数
流动资产：				负债：			
现金	+			长期贷款	+		
应收账款	+			特别贷款	+		
在制品	+			短期贷款	+		
成品	+			应付账款	+		
原料	+			应交税费	+		
流动资产合计	=			负债合计	=		
固定资产：				所有者权益：			
土地和建筑	+			股东资本	+		
机器和设备	+			利润留存	+		
在建工程	+			年度净利	+		
固定资产合计	=			所有者权益合计	=		
资产总计	=			负债和所有者权益总计	=		

表 4-72　第三年企业模拟运营结果评价表

公司名称	
年　　度	
经营结果分析评价	
【请同学们对本年度公司财务状况和经营成果（资产情况、产品研发和市场开拓情况、负债情况、所有者权益余额、年度净利润、市场老大情况等）进行分析评价，对决策正确或操作较好的地方以及决策错误或操作失误的地方进行总结，并提出改进方案】	

第五节　物理沙盘模拟运营第四年

一、实训目标

能够意识到编制现金预算表的重要性，并准确编制现金预算表；在运营过程中能够及时、准确地对预算进行调整。

二、运营过程记录

请各队伍进行物理沙盘第四年的模拟运营，并在如表 4-73 至表 4-85 所示的相关表格中对经营过程进行记录。

表 4-73　第四年任务清单

年初经营：	1Q			
支付应交税费（根据上年度结果）				
新年度规划会议				
准备好与客户见面 / 登记销售订单				
制订新年度计划				
日常经营：	1Q	2Q	3Q	4Q
更新短期贷款 / 还本付息 / 申请短期贷款				
原材料入库 / 更新原料订单				
下原料订单				
更新生产 / 完工入库				
投资新生产线 / 变卖生产线 / 生产线转产				
开始下一批生产				
更新应收账款 / 应收账款收现				
出售厂房				
按订单交货				
产品研发投资				
支付行政管理费用				
季末现金盘点				
年末经营：	4Q			
支付利息 / 更新长期贷款 / 申请长期贷款				
支付设备维护费				
支付租金（或购买建筑）				
计提折旧				
新市场开拓投资 / ISO 资格认证投资				
关账				

表 4-74　第四年产品生产计划表

时　间								合　计
3Y4Q								
4Y1Q								
4Y2Q								
4Y3Q								
4Y4Q								
合计								

表 4-75　第四年企业模拟运营战略规划表

公司名称	
年　　度	
经营战略要点记录	
（请同学们根据小组讨论结果，将每一季度的决策要点写出来，如投资自动线、租赁厂房、研发 P2 产品和 P3 产品、开拓本地市场和区域市场、进行 ISO 9000 或 ISO 14000 认证等）	
年初：	
第一季度：	
第二季度：	
第三季度：	
第四季度：	
年末：	

表 4-76　第四年订单登记表

订单号						总　数
市场						
产品						
数量 / 个						
账期 / 季度						
订单销售额 /M						
成本 /M						
毛利 /M						
是否交货（√ / ×）						

表 4-77　第四年产品生产计划表（调整后）

时　间								合　计
3Y4Q								
4Y1Q								
4Y2Q								
4Y3Q								
4Y4Q								
合计								

表 4-78　第四年材料采购计划表

时　间	下　线	上　线	材料需求	材料库存	材料采购	下原料订单
3Y4Q						
4Y1Q						
4Y2Q						
4Y3Q						
4Y4Q						
合计						

表 4-79　第四年现金预算表

单位：M

项　目	1Q	2Q	3Q	4Q
期初库存现金				
支付上年应交税费				
支付长期贷款利息				
支付到期长期贷款本金				
市场广告费投入				
折现费用				
支付短期贷款利息				
支付到期短期贷款本金				
支付原料采购现金				
支付生产线投资				
支付生产线转产费				
支付产品加工费				
收到现金前的所有支出				
应收账款到期				
支付产品研发投资				
支付管理费用				
支付设备维护费用				
支付租金				
支付购买厂房费用				
支付市场开拓费用				
支付 ISO 认证费				
其他				
现金收入合计				
现金支出合计				
现金多余或不足				
向银行贷款				
贴现收到现金				
期末现金余额				

注：“+”表示现金流入，“-”表示现金流出。

表 4-80　第四年现金收支明细表

单位：M

项　目	1Q	2Q	3Q	4Q
支付上年应交税费				
偿还长期贷款及利息				
申请长期贷款				
市场营销				
折现费用				
期初现金盘点				
偿还短期贷款及利息				
申请短期贷款				
原料采购支付现金				
成品采购支付现金				
生产线投资				
变卖生产线（+）				
支付转产费用				
支付产品加工费				
应收账款到期（+）				
产品研发投资				
行政管理费用				
变卖原料（+）				
设备维护费				
租金				
购买新建筑				
市场开拓投资				
ISO 认证投资				
其他				
现金收入总计				
现金支出总计				
期末现金余额				

注：“+”表示现金流入，“–”表示现金流出。

表 4-81　第四年产品核算统计表

项　目	P1	P2	P3	P4	合　计
销售数量 / 个					
销售收入 /M					
销售成本 / M					
毛利 /M					

表 4-82　第四年综合费用明细表

单位：M

项　目		金　额	备　注
行政管理费	+		
广告费	+		
设备维护费	+		
厂房租金	+		
转产费	+		
市场开拓	+		区域（　）国内（　）亚洲（　）国际（　）
ISO 认证	+		ISO 9000（　）ISO 14000（　）
产品研发	+		P2（　）P3（　）P4（　）
其他	+		
合计	=		

表 4-83　第四年利润表

单位：M

项　目		上年数	本年数
销售收入	+		
直接成本	−		
毛利	=		
综合费用	−		
折旧前利润	=		
折旧	−		
支付利息前利润	=		
财务收入 / 支出	+/ −		
其他收入 / 支出	+/ −		
税前利润	=		
所得税	−		
净利润	=		

表 4-84　第四年资产负债表

单位：M

资　产		期初数	期末数	负债和所有者权益		期初数	期末数
流动资产：				负债：			
现金	+			长期贷款	+		
应收账款	+			特别贷款	+		
在制品	+			短期贷款	+		
成品	+			应付账款	+		
原料	+			应交税费	+		
流动资产合计	=			负债合计	=		
固定资产：				所有者权益：			
土地和建筑	+			股东资本	+		
机器和设备	+			利润留存	+		
在建工程	+			年度净利	+		
固定资产合计	=			所有者权益合计	=		
资产总计	=			负债和所有者权益总计	=		

表 4-85　第四年企业模拟运营结果评价表

公司名称	
年　　度	
经营结果分析评价	
【请同学们对本年度公司财务状况和经营成果（资产情况、产品研发和市场开拓情况、负债情况、所有者权益余额、年度净利润、市场老大情况等）进行分析评价，对决策正确或操作较好的地方以及决策错误或操作失误的地方进行总结，并提出改进方案】	

第六节　物理沙盘模拟运营第五年

一、实训目标

理解市场战略、分析与预测企业营销环境、找准市场的切入点、合理进行广告投入，以及分析竞争对手的重要性。

二、运营过程记录

请各队伍进行物理沙盘第五年的模拟运营，并在如表 4-86 至表 4-98 所示的相关表格中对经营过程进行记录。

表 4-86　第五年任务清单

年初经营：	1Q			
支付应交税费（根据上年度结果）				
新年度规划会议				
准备好与客户见面 / 登记销售订单				
制订新年度计划				
日常经营：	1Q	2Q	3Q	4Q
更新短期贷款 / 还本付息 / 申请短期贷款				
原材料入库 / 更新原料订单				
下原料订单				
更新生产 / 完工入库				
投资新生产线 / 变卖生产线 / 生产线转产				
开始下一批生产				
更新应收账款 / 应收账款收现				
出售厂房				
按订单交货				
产品研发投资				
支付行政管理费用				
季末现金盘点				
年末经营：	4Q			
支付利息 / 更新长期贷款 / 申请长期贷款				
支付设备维护费				
支付租金（或购买建筑）				
计提折旧				
新市场开拓投资 /ISO 资格认证投资				
关账				

表 4-87　第五年产品生产计划表

时　间								合　计
4Y4Q								
5Y1Q								
5Y2Q								
5Y3Q								
5Y4Q								
合计								

表 4–88　第五年企业模拟运营战略规划表

<table>
<tr><td>公司名称</td><td></td></tr>
<tr><td>年　　度</td><td></td></tr>
<tr><td colspan="2">经营战略要点记录</td></tr>
<tr><td colspan="2">（请同学们根据小组讨论结果，将每一季度的决策要点写出来，如投资自动线、租赁厂房、研发 P2 产品和 P3 产品、开拓本地市场和区域市场、进行 ISO 9000 或 ISO 14000 认证等）</td></tr>
<tr><td colspan="2">年初：</td></tr>
<tr><td colspan="2">第一季度：</td></tr>
<tr><td colspan="2">第二季度：</td></tr>
<tr><td colspan="2">第三季度：</td></tr>
<tr><td colspan="2">第四季度：</td></tr>
<tr><td colspan="2">年末：</td></tr>
</table>

表 4–89　第五年订单登记表

订单号						总　数
市场						
产品						
数量 / 个						
账期 / 季度						
订单销售额 /M						
成本 /M						
毛利 /M						
是否交货（√ / ×）						

表 4–90　第五年产品生产计划表（调整后）

时　间								合　计
4Y4Q								
5Y1Q								
5Y2Q								
5Y3Q								
5Y4Q								
合计								

表 4–91　第五年材料采购计划表

时　间	下　线	上　线	材料需求	材料库存	材料采购	下原料订单
4Y4Q						
5Y1Q						
5Y2Q						
5Y3Q						
5Y4Q						
合计						

表 4–92 第五年现金预算表

单位：M

项 目	1Q	2Q	3Q	4Q
期初库存现金				
支付上年应交税费				
支付长期贷款利息				
支付到期长期贷款本金				
市场广告费投入				
折现费用				
支付短期贷款利息				
支付到期短期贷款本金				
支付原料采购现金				
支付生产线投资				
支付生产线转产费				
支付产品加工费				
收到现金前的所有支出				
应收账款到期				
支付产品研发投资				
支付管理费用				
支付设备维护费用				
支付租金				
支付购买厂房费用				
支付市场开拓费用				
支付 ISO 认证费				
其他				
现金收入合计				
现金支出合计				
现金多余或不足				
向银行贷款				
贴现收到现金				
期末现金余额				

注："+"表示现金流入，"–"表示现金流出。

表 4-93　第五年现金收支明细表

单位：M

项　目	1Q	2Q	3Q	4Q
支付上年应交税费				
偿还长期贷款及利息				
申请长期贷款				
市场营销				
折现费用				
期初现金盘点				
偿还短期贷款及利息				
申请短期贷款				
原料采购支付现金				
成品采购支付现金				
生产线投资				
变卖生产线（+）				
支付转产费用				
支付产品加工费				
应收账款到期（+）				
产品研发投资				
行政管理费用				
变卖原料（+）				
设备维护费				
租金				
购买新建筑				
市场开拓投资				
ISO 认证投资				
其他				
现金收入总计				
现金支出总计				
期末现金余额				

注：“+”表示现金流入，“–”表示现金流出。

表 4-94　第五年产品核算统计表

项　目	P1	P2	P3	P4	合计
销售数量 / 个					
销售收入 /M					
销售成本 /M					
毛利 /M					

表 4-95 第五年综合费用明细表

单位：M

项 目		金 额	备 注
行政管理费	+		
广告费	+		
设备维护费	+		
厂房租金	+		
转产费	+		
市场开拓	+		区域（ ）国内（ ）亚洲（ ）国际（ ）
ISO 认证	+		ISO 9000 （ ） ISO 14000 （ ）
产品研发	+		P2 （ ） P3 （ ） P4 （ ）
其他	+		
合计	=		

表 4-96 第五年利润表

单位：M

项 目		上年数	本年数
销售收入	+		
直接成本	−		
毛利	=		
综合费用	−		
折旧前利润	=		
折旧	−		
支付利息前利润	=		
财务收入 / 支出	+ / −		
其他收入 / 支出	+ / −		
税前利润	=		
所得税	−		
净利润	=		

表 4-97 第五年资产负债表

单位：M

资 产		期初数	期末数	负债和所有者权益		期初数	期末数
流动资产：				负债：			
现金	+			长期贷款	+		
应收账款	+			特别贷款	+		
在制品	+			短期贷款	+		
成品	+			应付账款	+		
原料	+			应交税费	+		
流动资产合计	=			负债合计	=		
固定资产：				所有者权益：			
土地和建筑	+			股东资本	+		
机器和设备	+			利润留存	+		
在建工程	+			年度净利	+		
固定资产合计	=			所有者权益合计	=		
资产总计	=			负债和所有者权益总计	=		

表 4-98　第五年企业模拟运营结果评价表

<table>
<tr><td>公司名称</td><td></td></tr>
<tr><td>年　　度</td><td></td></tr>
<tr><td colspan="2">经营结果分析评价</td></tr>
<tr><td colspan="2">【请同学们对本年度公司财务状况和经营成果（资产情况、产品研发和市场开拓情况、负债情况、所有者权益余额、年度净利润、市场老大情况等）进行分析评价，对决策正确或操作较好的地方以及决策错误或操作失误的地方进行总结，并提出改进方案】</td></tr>
</table>

第七节　物理沙盘模拟运营第六年

一、实训目标

能够分析影响利润和所有者权益的因素，并结合模拟运营操作，总结有利于利润增加的活动以及企业应避免的会导致利润下降的活动。

二、运营过程记录

请各队伍进行物理沙盘第六年的模拟运营，并在如表 4-99 至表 4-111 所示的相关表格中对经营过程进行记录。

表 4–99　第六年任务清单

年初经营：	1Q			
支付应交税费（根据上年度结果）				
新年度规划会议				
准备好与客户见面 / 登记销售订单				
制订新年度计划				
日常经营：	1Q	2Q	3Q	4Q
更新短期贷款 / 还本付息 / 申请短期贷款				
原材料入库 / 更新原料订单				
下原料订单				
更新生产 / 完工入库				
投资新生产线 / 变卖生产线 / 生产线转产				
开始下一批生产				
更新应收账款 / 应收账款收现				
出售厂房				
按订单交货				
产品研发投资				
支付行政管理费用				
季末现金盘点				
年末经营：	4Q			
支付利息 / 更新长期贷款 / 申请长期贷款				
支付设备维护费				
支付租金（或购买建筑）				
计提折旧				
新市场开拓投资 /ISO 资格认证投资				
关账				

表 4–100　第六年产品生产计划表

时　间								合　计
5Y4Q								
6Y1Q								
6Y2Q								
6Y3Q								
6Y4Q								
合计								

表 4-101 第六年企业模拟运营战略规划表

<table>
<tr><td>公司名称</td><td></td></tr>
<tr><td>年　　度</td><td></td></tr>
<tr><td colspan="2">经营战略要点记录</td></tr>
<tr><td colspan="2">（请同学们根据小组讨论结果，将每一季度的决策要点写出来，如投资自动线、租赁厂房、研发 P2 产品和 P3 产品、开拓本地市场和区域市场、进行 ISO 9000 或 ISO 14000 认证等）</td></tr>
<tr><td colspan="2">年初：</td></tr>
<tr><td colspan="2">第一季度：</td></tr>
<tr><td colspan="2">第二季度：</td></tr>
<tr><td colspan="2">第三季度：</td></tr>
<tr><td colspan="2">第四季度：</td></tr>
<tr><td colspan="2">年末：</td></tr>
</table>

表 4-102 第六年订单登记表

订单号						总　数
市场						
产品						
数量 / 个						
账期 / 季度						
订单销售额 /M						
成本 /M						
毛利 /M						
是否交货（√ / ×）						

表 4-103 第六年产品生产计划表（调整后）

时　间								合　计
5Y4Q								
6Y1Q								
6Y2Q								
6Y3Q								
6Y4Q								
合计								

表 4-104 第六年材料采购计划表

时　间	下　线	上　线	材料需求	材料库存	材料采购	下原料订单
5Y4Q						
6Y1Q						
6Y2Q						
6Y3Q						
6Y4Q						
合计						

表 4-105　第六年现金预算表

单位：M

项　目	1Q	2Q	3Q	4Q
期初库存现金				
支付上年应交税费				
支付长期贷款利息				
支付到期长期贷款本金				
市场广告费投入				
折现费用				
支付短期贷款利息				
支付到期短期贷款本金				
支付原料采购现金				
支付生产线投资				
支付生产线转产费				
支付产品加工费				
收到现金前的所有支出				
应收账款到期				
支付产品研发投资				
支付管理费用				
支付设备维护费用				
支付租金				
支付购买厂房费用				
支付市场开拓费用				
支付 ISO 认证费				
其他				
现金收入合计				
现金支出合计				
现金多余或不足				
向银行贷款				
贴现收到现金				
期末现金余额				

注：“+”表示现金流入，“-”表示现金流出。

表 4-106　第六年现金收支明细表　　单位：M

项　目	1Q	2Q	3Q	4Q
支付上年应交税费				
偿还长期贷款及利息				
申请长期贷款				
市场营销				
折现费用				
期初现金盘点				
偿还短期贷款及利息				
申请短期贷款				
原料采购支付现金				
成品采购支付现金				
生产线投资				
变卖生产线（+）				
支付转产费用				
支付产品加工费				
应收账款到期（+）				
产品研发投资				
行政管理费用				
变卖原料（+）				
设备维护费				
租金				
购买新建筑				
市场开拓投资				
ISO 认证投资				
其他				
现金收入总计				
现金支出总计				
期末现金余额				

注：“+”表示现金流入，“–”表示现金流出。

表 4-107　第六年产品核算统计表

项　目	P1	P2	P3	P4	合计
销售数量 / 个					
销售收入 /M					
销售成本 /M					
毛利 /M					

表 4-108　第六年综合费用明细表

单位：M

项　目		金　额	备　注
行政管理费	+		
广告费	+		
设备维护费	+		
厂房租金	+		
转产费	+		
市场开拓	+		区域（ ）国内（ ）亚洲（ ）国际（ ）
ISO 认证	+		ISO 9000（ ） ISO 14000（ ）
产品研发	+		P2（ ） P3（ ） P4（ ）
其他	+		
合计	=		

表 4-109　第六年利润表

单位：M

项　目		上年数	本年数
销售收入	+		
直接成本	−		
毛利	=		
综合费用	−		
折旧前利润	=		
折旧	−		
支付利息前利润	=		
财务收入 / 支出	+/ −		
其他收入 / 支出	+/ −		
税前利润	=		
所得税	−		
净利润	=		

表 4-110　第五年资产负债表

单位：M

资　产		期初数	期末数
流动资产：			
现　金	+		
应收账款	+		
在制品	+		
成　品	+		
原　料	+		
流动资产合计	=		
固定资产：			
土地和建筑	+		
机器和设备	+		
在建工程	+		
固定资产合计	=		
资产总计	=		

负债和所有者权益		期初数	期末数
负债：			
长期贷款	+		
特别贷款	+		
短期贷款	+		
应付账款	+		
应交税费	+		
负债合计	=		
所有者权益：			
股东资本	+		
利润留存	+		
年度净利	+		
所有者权益合计	=		
负债和所有者权益总计	=		

表 4-111　第六年企业模拟运营结果评价表

公司名称	
年　度	
经营结果分析评价	
【请同学们对本年度公司财务状况和经营成果（资产情况、产品研发和市场开拓情况、负债情况、所有者权益余额、年度净利润、市场老大情况等）进行分析评价，对决策正确或操作较好的地方以及决策错误或操作失误的地方进行总结，并提出改进方案】	

第五章
仿真企业电子沙盘模拟运营操作

本章以新道新商战沙盘系统 V 5.0 为基础，来阐释仿真企业电子沙盘模拟运营的操作。

第一节　教师指导平台操作使用说明

一、系统操作

（一）系统管理员端

在系统管理员（以下简称管理员）登录界面输入用户名、密码（用户名为 admin，初始密码为 1），再单击“用户登录”按钮。管理员登录界面如图 5-1 所示。

图 5-1　管理员登录界面

登录后，管理员见下页显示管理员端功能菜单，包括创建教学班、教师管理、权限管理、数据备份，如图 5-2 所示。

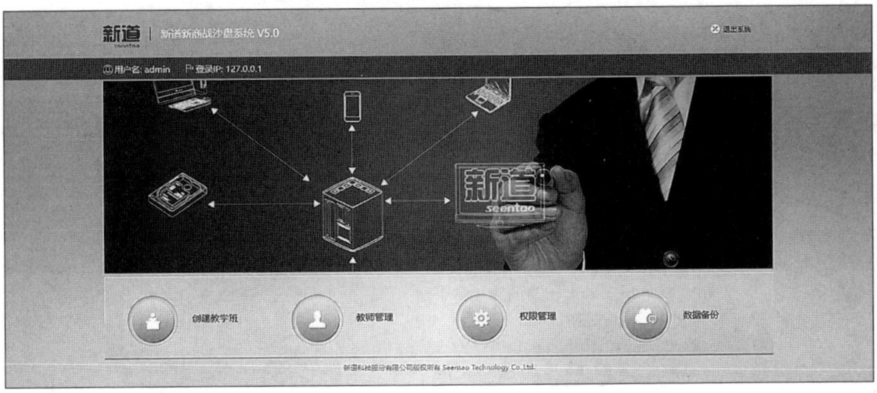

图 5-2　管理员登录首页

（二）创建教学班

创建教学班支持多班教学，共用一台服务器，并且可以控制教学班的开课状态，可暂停、关闭或删除，关闭的教学班教师仍可以查看历史数据。创建教学班时要保证成功插入并安装了加密狗。“创建教学班”对话框如图 5-3 所示。

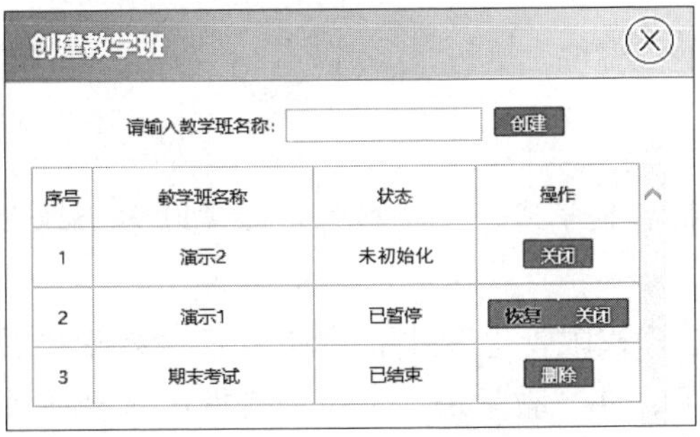

创建教学班

请输入教学班名称：　创建

序号	教学班名称	状态	操作
1	演示2	未初始化	关闭
2	演示1	已暂停	恢复　关闭
3	期末考试	已结束	删除

图 5-3　“创建教学班”对话框

在管理员登录首页单击“创建教学班”图标，弹出对话框。在“请输入教学班名称”后的文本框内输入教学班名称。单击“创建”按钮，教学班创建成功。

建成后的教学班有四种状态，四种状态的意义分别如下：

（1）“未初始化”，表示教学班建成后还未使用；单击“关闭”按钮变为“已结束”状态，教学班无法再使用。

（2）“正在进行”，表示教学班正在使用中；单击“暂停”按钮变为“已暂停”状态，“已暂停”状态的教学班学生端不能使用；单击“关闭”按钮变为“已结束”状态。

（3）“已暂停”，表示已在使用的教学班本次课程未完成，下次课程时间再次使用；单击“恢复”按钮变为“正在进行”状态，学生端就可以继续使用了；单击“关闭”按钮变为“已结束”状态。

（4）“已结束”，表示教学班已经完成教学计划且处于关闭状态；单击“删除”按钮，可以将教学班的所有信息完全清除。

（三）教师管理

教师管理功能在“教师 / 裁判管理”对话框中进行操作，支持创建多个“教师”，支持多个教师管理多个教学班的多对多管理模式。“教师 / 裁判管理”对话框如图 5-4 所示。

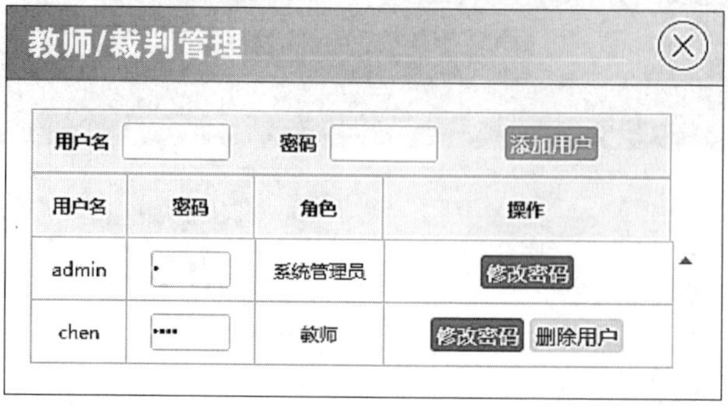

图 5-4　教师 / 裁判管理对话框

在管理员登录首页单击“教师管理”图标，弹出“教师 / 裁判管理”对话框。将鼠标移动到角色“系统管理员”前面的文本框，输入新密码，然后单击“修改密码”按钮，即修改成功。将鼠标移动到用户名、密码后的文本框内，输入新增的用户名、密码，单击“添加用户”按钮，即添加教师成功。

（四）权限管理

权限管理用于关联教师和教学班，一个教师可以关联多个教学班，也可以单击“取消”按钮撤销关联。

在管理员登录首页单击“权限管理”图标，弹出“任命教学班教师 / 裁判”对话框。在“教师”下拉列表框中选择教师，在“教学班”下拉列表框中选择所关联教学班，单击“确定”按钮，下方显示该教师所负责的教学班名称列表。“任命教学班教师 / 裁判”对话框如图 5-5 所示。

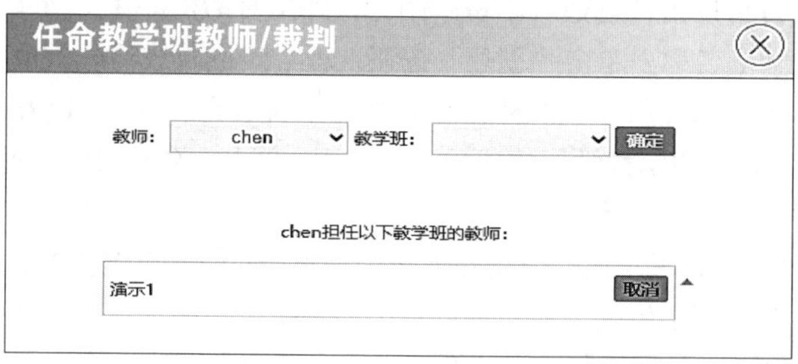

图 5-5　“任命教学班教师 / 裁判”对话框

（五）数据备份

数据备份用于多个教学班一次性备份，有利于保存同期开课的教学班数据及存档。在管理员登录首页单击“数据备份”图标，弹出“数据备份”对话框，如图 5-6 所示。“数据文件备份”后有默认的文件名，可以单击进行编辑，最后单击“备份文件”按钮完成备份。新文件在“手动备份还原”下方显示。单击“项目反选”按钮可以选择全部文件或取消。勾选某一个文件，单击“删除备份”按钮，该文件被删除；单击“备份还原”按钮可以还原该备份文件。

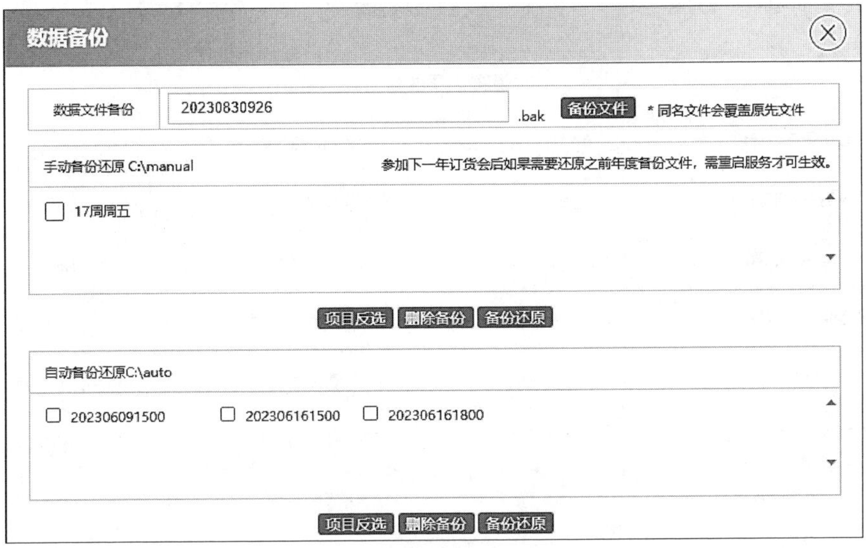

图 5-6　“数据备份”对话框

二、教师端

（一）初始化设置

初始化设置用于每个教学班的规则初始化，灵活选择实训规则和市场订单。“初始化”界面如图 5-7 所示。

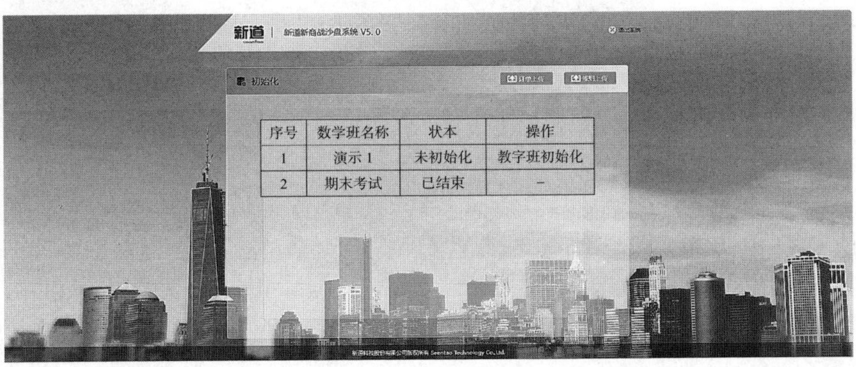

图 5-7　“初始化”界面

在教师端单击“用户登录”按钮后，进入“初始化”界面。未初始化的教学班状态不同，且操作栏有“教学班初始化”按钮。单击该按钮，弹出“教学班初始化”对话框，如图 5-8 所示。

通过“订单上传”“规则上传”按钮，可以在客户端上传订单文件与规则文件。

图 5-8 “教学班初始化”对话框

在“用户名前缀”“队数”文本框内输入相应信息，在“订单方案”下拉列表框中选择相应订单，在“规则方案”下拉列表框中选择相应方案，设置参数表中各参数，单击“确定”按钮，弹出提示框“初始化成功！”。

选择要管理的教学班，单击教学班名称，进入“教学班”界面，如图 5-9 所示。

注：单击“预览”按钮可以预览订单方案与规则方案，显示教师端主页面。

图 5-9 “教学班”界面

（二）查询每组经营信息

单击主页面上方学生组号，如 AD01。主页面中间区域显示该组各项经营信息，包括公司资料、库存采购信息、研发认证信息、财务信息、厂房信息、生产信息。

1. 公司资料

单击学生组号后，默认显示“公司资料”选项卡，如图 5-10 所示。

图 5-10　“公司资料”选项卡

（1）还原本年

单击公司资料下的“还原本年”按钮，弹出提示框，如图 5-11 所示，单击“确定”按钮，会将该学生组的经营回退到当年年初重新开始经营。

图 5-11　“还原本年”提示框

（2）还原本季

单击公司资料下的“还原本季”按钮，弹出提示框，单击“确定”按钮，会将该学生组的经营回退到当季季初的重新开始经营。

（3）修改密码

单击公司资料下的“修改密码”按钮，弹出“修改密码”对话框，在“新密码”后面的文本框内输入修改后的密码，单击“确认”按钮，即完成修改。“修改密码”对话框如图 5-12 所示。

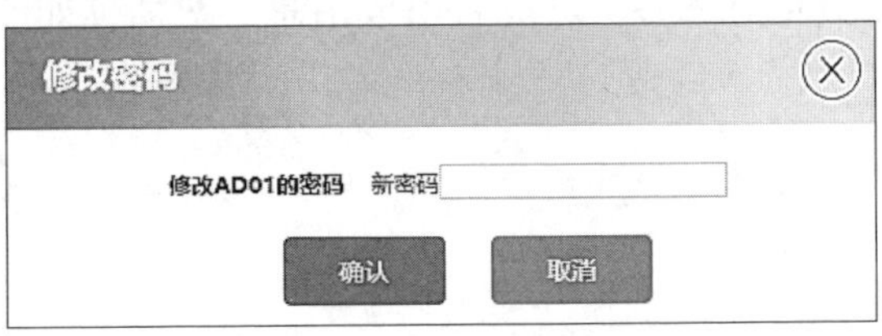

图 5-12　“修改密码”对话框

（4）追加资本

单击公司资料下的“追加资本”按钮，弹出“用户融资”对话框，在“注入金额”后的文本框内输入要增加的金额数字，在注资类别选项中选择“特别贷款”或“股东注资”单选按钮，单击“确认”按钮，即完成用户融资。“用户融资”对话框如图 5-13 所示。

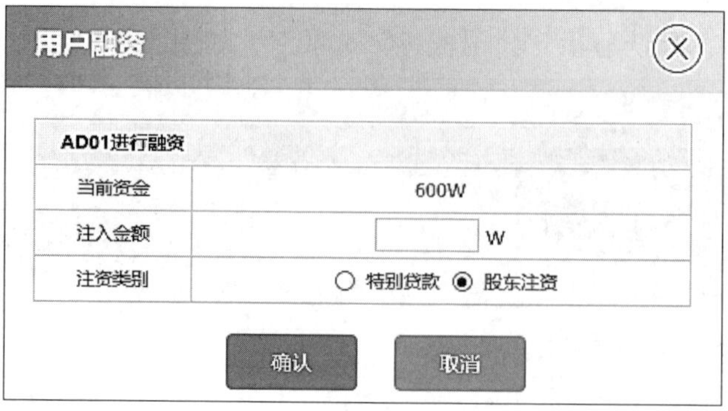

图 5-13　“用户融资”对话框

（5）修改状态

单击公司资料下的“修改状态”按钮，弹出“修改状态”对话框，显示该用户的当前经营状态，单击“拟修改状态”后的下拉列表框，选择“未运营”、“正在运营”或“已破产”选项，单击“确认”按钮，即完成用户经营状态修改。“修改状态”对话框如图 5-14 所示。

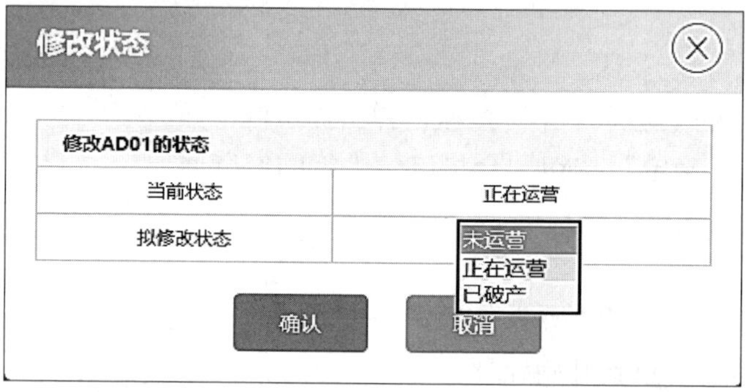

图 5-14　“修改状态”对话框

（6）综合财务信息

单击公司资料下的“综合财务信息”按钮，弹出“综合财务信息”对话框，用于查阅该学生组当年经营的主要财务信息内容。“综合财务信息”对话框如图 5-15 所示。

综合财务信息

综合财务表			
贴息	0W	利息	0W
销售收入	0W	设备维护费	0W
转产费	0W	租金	0W
管理费	0W	广告费	0W
信息费	0W	其他	0W
直接成本	0W	ISO认证资格	0W
产品研发	0W	市场准入开拓	0W

图 5-15　“综合财务信息”对话框

（7）综合费用表

单击公司资料下的“综合费用表”按钮，弹出“综合费用表”对话框，用于查阅该学生组每年经营的综合费用表。“综合费用表”对话框如图 5-16 所示。

综合费用表

AD01综合费用表	
项目 / 年度	第1年
类型	系统
管理费	0
广告费	0
设备维护费	0
转产费	0
租金	0
市场准入开拓	0
产品研发	0
ISO认证资格	0
信息费	0
其他	0
合计	0

图 5-16　“综合费用表”对话框

（8）利润表

单击公司资料下的“利润表”按钮，弹出“利润表”对话框，用于查阅该学生组每年经营的利润表。“利润表”对话框如图 5-17 所示。

AD01利润表	
项目 / 年度	第1年
类型	系统
销售收入	0
直接成本	0
毛利	0
综合管理费用	0
折旧前利润	0
折旧	0
支付利息前利润	0
财务费用	0
税前利润	0
所得税	0
净利润	0

图 5-17　“利润表”对话框

（9）资产负债表

单击公司资料下的“资产负债表”按钮，弹出“资产负债表”对话框，用于查阅该学生组每年经营的资产负债表。“资产负债表”对话框如图 5-18 所示。

AD01资产负债表	
项目 / 年度	第1年
类型	系统
现金	600
应收款	0
在制品	0
产成品	0
原材料	0
流动资产合计	0
土地和建筑	0
机器与设备	0
在建工程	0
固定资产合计	0
资产总计	0
长期负债	0
短期负债	0

图 5-18　“资产负债表”对话框

（10）现金流量表

单击公司资料下的“现金流量表”按钮，弹出“用户现金流量表”对话框，用于查阅该学生组每年经营的现金流量表。“用户现金流量表”对话框如图 5-19 所示。

用户现金流量表

AA02现金流量表					
ID	动作	资金	剩余	时间	备注
1	初始化资本金	600W	600W	第1年第1季	公司成立
2	长贷	504W	1104W	第1年第1季	5年期长贷504W
3	厂房租用	-40W	1064W	第1年第1季	花费40W租用大厂房(1179)
4	新建生产线	-50W	1014W	第1年第1季	自动线(1188)P2
5	新建生产线	-50W	964W	第1年第1季	自动线(1196)P2
6	新建生产线	-50W	914W	第1年第1季	自动线(1203)P2
7	新建生产线	-50W	864W	第1年第1季	自动线(1210)P2
8	产品研发	-10W	854W	第1年第1季	P2
9	支付行政管理费	-10W	844W	第1年第1季	
10	在建生产线	-50W	794W	第1年第2季	自动线(1196)
11	在建生产线	-50W	744W	第1年第2季	自动线(1188)
12	在建生产线	-50W	694W	第1年第2季	自动线(1210)
13	在建生产线	-50W	644W	第1年第2季	自动线(1203)
14	产品研发	-10W	634W	第1年第2季	P2

图 5-19　“用户现金流量表”对话框

（11）订单列表

单击公司资料下的“订单列表”按钮，弹出“订单列表”对话框，用于查阅该学生组每年的市场订单和订单的完成状态以及完成时间。“订单列表”对话框如图 5-20 所示。

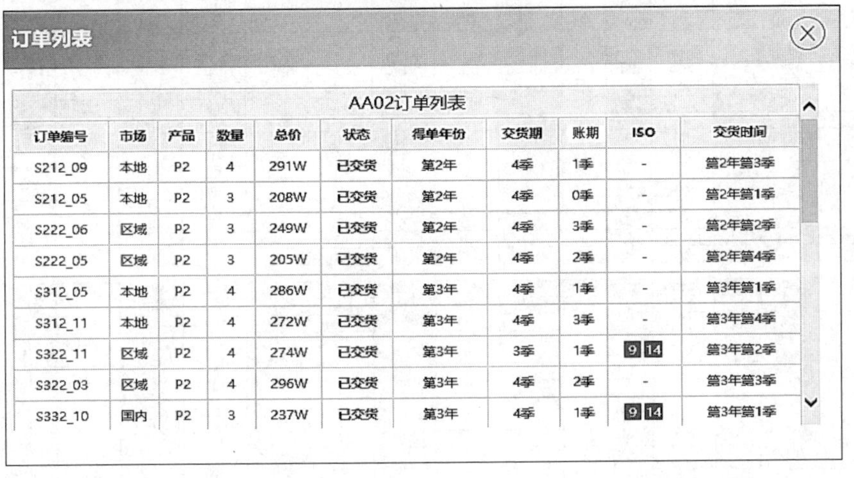

订单列表

AA02订单列表										
订单编号	市场	产品	数量	总价	状态	得单年份	交货期	账期	ISO	交货时间
S212_09	本地	P2	4	291W	已交货	第2年	4季	1季	-	第2年第3季
S212_05	本地	P2	3	208W	已交货	第2年	4季	0季	-	第2年第1季
S222_06	区域	P2	3	249W	已交货	第2年	4季	3季	-	第2年第2季
S222_05	区域	P2	3	205W	已交货	第2年	4季	2季	-	第2年第4季
S312_05	本地	P2	4	286W	已交货	第3年	4季	1季	-	第3年第1季
S312_11	本地	P2	4	272W	已交货	第3年	4季	3季	-	第3年第4季
S322_11	区域	P2	4	274W	已交货	第3年	3季	1季	9 14	第3年第2季
S322_03	区域	P2	4	296W	已交货	第3年	4季	2季	-	第3年第3季
S332_10	国内	P2	3	237W	已交货	第3年	4季	1季	9 14	第3年第1季

图 5-20　“订单列表”对话框

（12）导出 Excel

单击公司资料下的“导出 Excel”按钮，弹出“文件下载”对话框，用于将该学生组的各项经营信息导出成 Excel 格式保存，默认文件名为“组号 + 时间”，如图 5-21 所示。

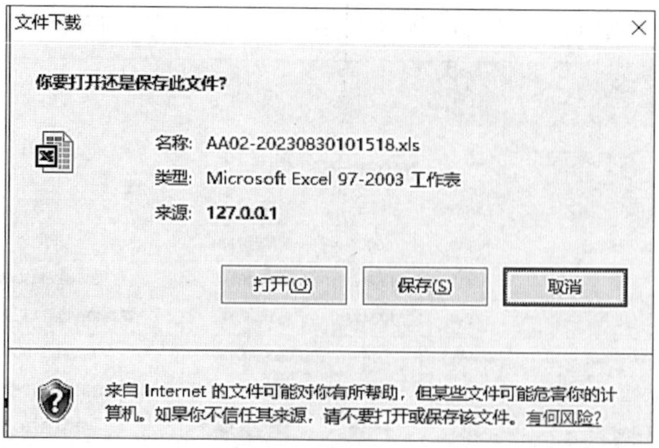

图 5-21 “文件下载”对话框

导出后，打开文件可查询各项经营表格，如图 5-22 所示。

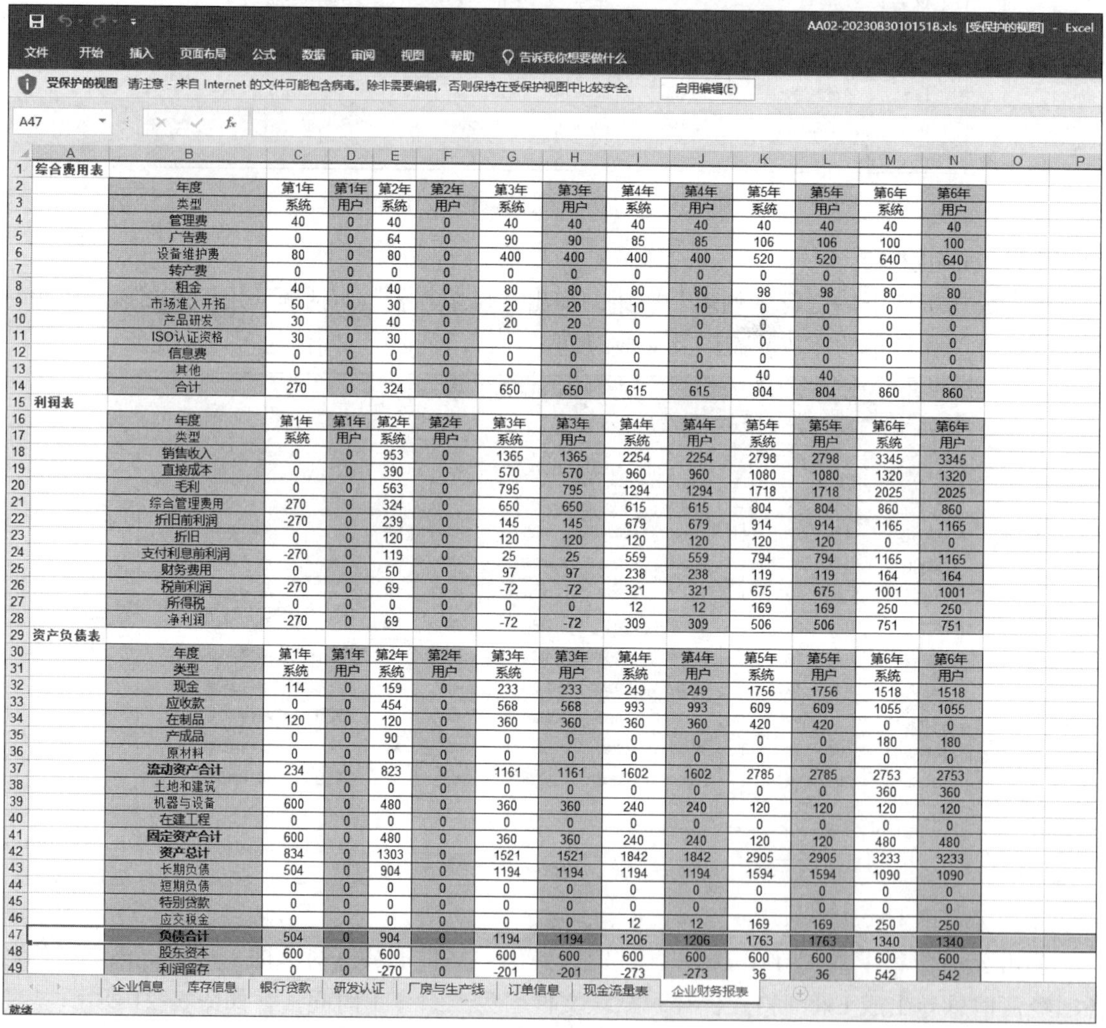

综合费用表

年度	第1年	第1年	第2年	第2年	第3年	第3年	第4年	第4年	第5年	第5年	第6年	第6年
类型	系统	用户	系统	用户	系统	用户	系统	用户	系统	用户	系统	用户
管理费	40	0	40	0	40	40	40	40	40	40	40	40
广告费	0	0	64	0	90	90	85	85	106	106	100	100
设备维护费	80	0	80	0	400	400	400	400	520	520	640	640
转产费	0	0	0	0	0	0	0	0	0	0	0	0
租金	40	0	40	0	80	80	80	80	98	98	80	80
市场准入开拓	50	0	30	0	20	20	10	10	0	0	0	0
产品研发	30	0	40	0	20	20	0	0	0	0	0	0
ISO认证资格	30	0	30	0	0	0	0	0	0	0	0	0
信息费	0	0	0	0	0	0	0	0	0	0	0	0
其他	0	0	0	0	0	0	0	0	40	40	0	0
合计	270	0	324	0	650	650	615	615	804	804	860	860

利润表

年度	第1年	第1年	第2年	第2年	第3年	第3年	第4年	第4年	第5年	第5年	第6年	第6年
类型	系统	用户	系统	用户	系统	用户	系统	用户	系统	用户	系统	用户
销售收入	0	0	953	0	1365	1365	2254	2254	2798	2798	3345	3345
直接成本	0	0	390	0	570	570	960	960	1080	1080	1320	1320
毛利	0	0	563	0	795	795	1294	1294	1718	1718	2025	2025
综合管理费用	270	0	324	0	650	650	615	615	804	804	860	860
折旧前利润	-270	0	239	0	145	145	679	679	914	914	1165	1165
折旧	0	0	120	0	120	120	120	120	120	120	0	0
支付利息前利润	-270	0	119	0	25	25	559	559	794	794	1165	1165
财务费用	0	0	50	0	97	97	238	238	119	119	164	164
税前利润	-270	0	69	0	-72	-72	321	321	675	675	1001	1001
所得税	0	0	0	0	0	0	12	12	169	169	250	250
净利润	-270	0	69	0	-72	-72	309	309	506	506	751	751

资产负债表

年度	第1年	第1年	第2年	第2年	第3年	第3年	第4年	第4年	第5年	第5年	第6年	第6年
类型	系统	用户	系统	用户	系统	用户	系统	用户	系统	用户	系统	用户
现金	114	0	159	0	233	233	249	249	1756	1756	1518	1518
应收款	0	0	454	0	568	568	993	993	609	609	1055	1055
在制品	120	0	120	0	360	360	360	360	420	420	0	0
产成品	0	0	90	0	0	0	0	0	0	0	180	180
原材料	0	0	0	0	0	0	0	0	0	0	0	0
流动资产合计	234	0	823	0	1161	1161	1602	1602	2785	2785	2753	2753
土地和建筑	0	0	0	0	0	0	0	0	0	0	360	360
机器与设备	600	0	480	0	360	360	240	240	120	120	120	120
在建工程	0	0	0	0	0	0	0	0	0	0	0	0
固定资产合计	600	0	480	0	360	360	240	240	120	120	480	480
资产总计	834	0	1303	0	1521	1521	1842	1842	2905	2905	3233	3233
长期负债	504	0	904	0	1194	1194	1194	1194	1594	1594	1090	1090
短期负债	0	0	0	0	0	0	0	0	0	0	0	0
特别贷款	0	0	0	0	0	0	0	0	0	0	0	0
应交税金	0	0	0	0	0	0	12	12	169	169	250	250
负债合计	504	0	904	0	1194	1194	1206	1206	1763	1763	1340	1340
股东资本	600	0	600	0	600	600	600	600	600	600	600	600
利润留存	0	0	-270	0	-201	-201	-273	-273	36	36	542	542

图 5-22 查看该学生组各项经营信息

2. 库存采购信息

单击学生组号下的“库存采购信息”标签，切换为“库存采购信息”选项卡，显示该学生组的原料订购、原料库存、产品库存信息，如图 5-23 所示。

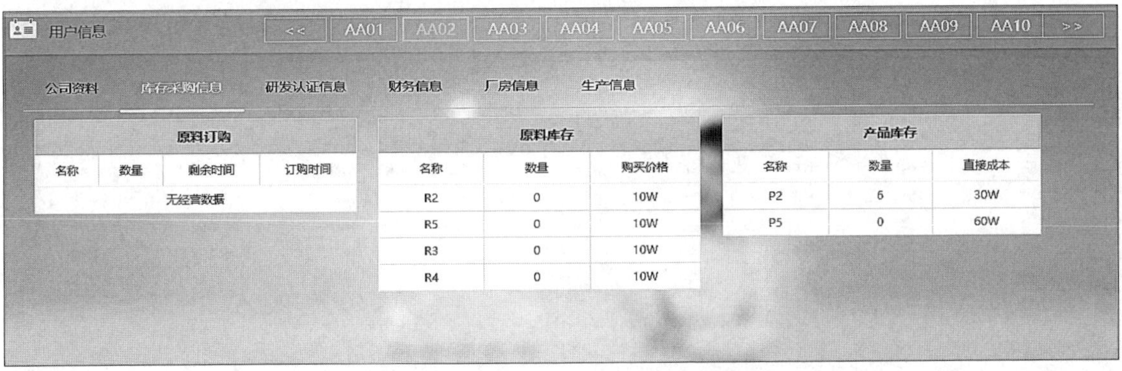

图 5-23 “库存采购信息”选项卡

3. 研发认证信息

单击学生组号下的“研发认证信息”标签，切换为“研发认证信息”选项卡，显示该学生组的市场开拓、产品研发、ISO 认证信息，如图 5-24 所示。

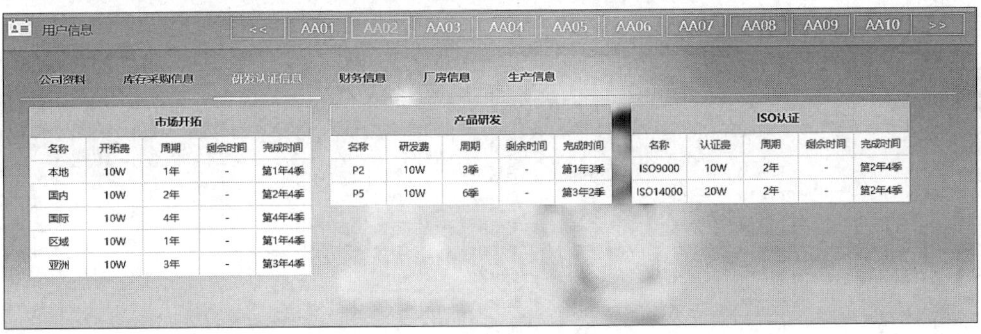

图 5-24 “研发认证信息”选项卡

4. 财务信息

单击学生组号下的“财务信息”标签，切换为“财务信息”选项卡，显示该学生组的应收账款、长期贷款、短期贷款、特别贷款信息，如图 5-25 所示。

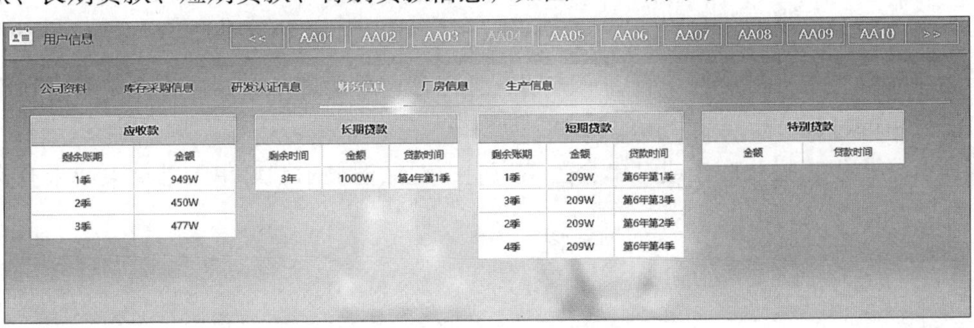

图 5-25 “财务信息”选项卡

5. 厂房信息

单击学生组号下的“厂房信息”标签，切换为“厂房信息”选项卡，显示该学生组的厂房信息，如图 5-26 所示。

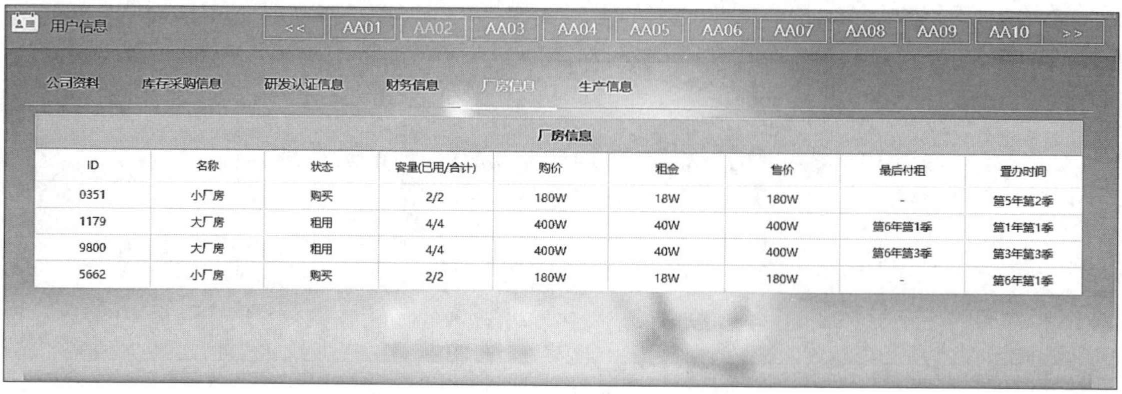

ID	名称	状态	容量(已用/合计)	购价	租金	售价	最后付租	置办时间
0351	小厂房	购买	2/2	180W	18W	180W	-	第5年第2季
1179	大厂房	租用	4/4	400W	40W	400W	第6年第1季	第1年第1季
9800	大厂房	租用	4/4	400W	40W	400W	第6年第3季	第3年第3季
5662	小厂房	购买	2/2	180W	18W	180W	-	第6年第1季

图 5-26　“厂房信息”选项卡

6. 生产信息

单击学生组号下的“生产信息”标签，切换为“生产信息”选项卡，显示该学生组的生产信息，如图 5-27 所示。

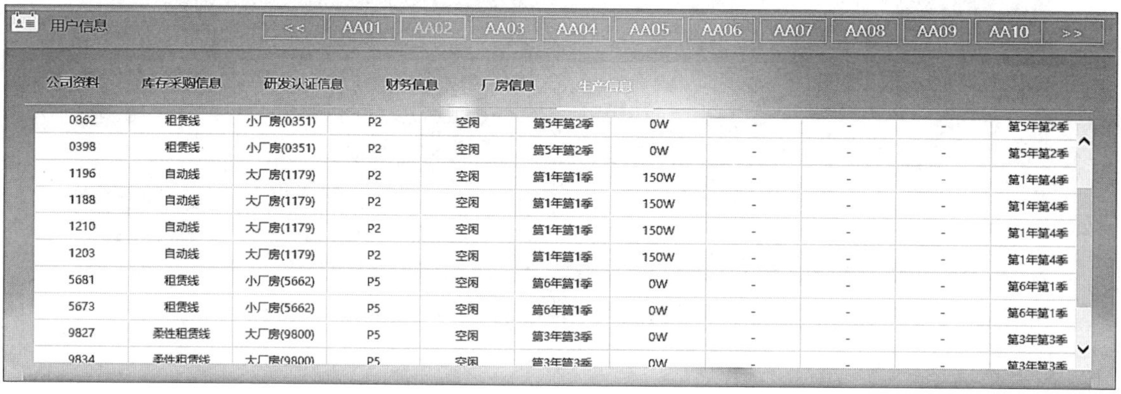

0362	租赁线	小厂房(0351)	P2	空闲	第5年第2季	0W	-	-	-	第5年第2季
0398	租赁线	小厂房(0351)	P2	空闲	第5年第2季	0W	-	-	-	第5年第2季
1196	自动线	大厂房(1179)	P2	空闲	第1年第1季	150W	-	-	-	第1年第4季
1188	自动线	大厂房(1179)	P2	空闲	第1年第1季	150W	-	-	-	第1年第4季
1210	自动线	大厂房(1179)	P2	空闲	第1年第1季	150W	-	-	-	第1年第4季
1203	自动线	大厂房(1179)	P2	空闲	第1年第1季	150W	-	-	-	第1年第4季
5681	租赁线	小厂房(5662)	P5	空闲	第6年第1季	0W	-	-	-	第6年第1季
5673	租赁线	小厂房(5662)	P5	空闲	第6年第1季	0W	-	-	-	第6年第1季
9827	柔性租赁线	大厂房(9800)	P5	空闲	第3年第3季	0W	-	-	-	第3年第3季
9834	柔性租赁线	大厂房(9800)	P5	空闲	第3年第3季	0W	-	-	-	第3年第3季

图 5-27　“生产信息”选项卡

（三）选单管理

单击主页面左下方的“选单管理”按钮，弹出“选单管理”对话框，用来管理每组学生选取市场订单的过程。

当所有学生组未投放广告或订单会已结束时，对话框显示“订单会已结束或未有投广告用户！”，如图 5-28 所示。

图 5-28　“选单管理”（订单会已结束或未有投广告用户）

当教学班里有一部分学生组完成广告投放时，对话框跳转到各组投完广告时间的页面，如图 5-29 所示。

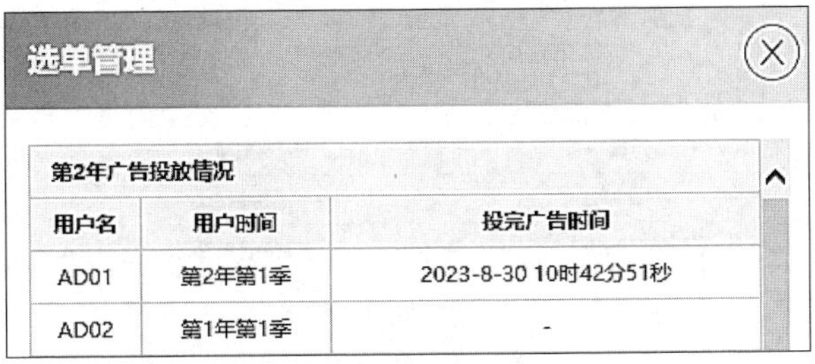

图 5-29　“选单管理”（各组投完广告时间）

当教学班里所有学生组完成广告投放时，对话框跳转到准备开始选单的页面，如图 5-30 所示。

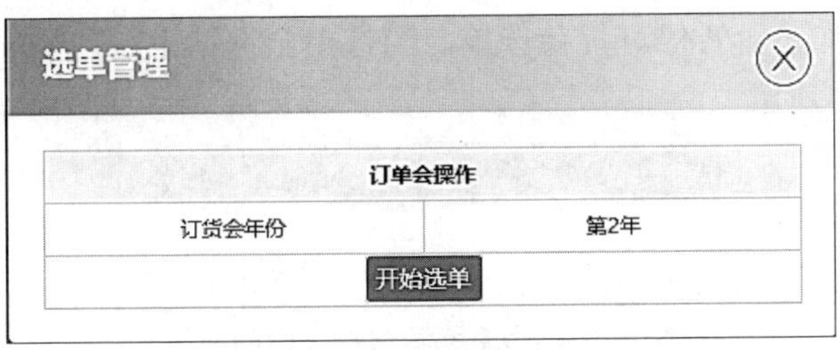

图 5-30　“选单管理”（订单会操作）

单击“开始选单”按钮，弹出提示框，订货会正式开始，如图 5-31 所示。

图 5-31　订货会正式开始

单击“确定”按钮，对话框跳转到订货会选单管理页面，如图 5-32 所示。

图 5-32 “选单管理”（选单状态）

对话框中显示选单过程记录，包括合计回合数、剩余回合数、本年合计订单数、本年剩余订单数等信息。单击“重新选单”按钮，订货会将重新开始。单击“计时暂停”或“计时恢复”按钮，可以操作是否暂停订货会选单。当选单全部结束后，页面弹出提示框，本年订单会结束，如图 5-33 所示。

图 5-33 订单会结束

（四）竞单管理

单击主页面下方的“竞单管理”按钮，弹出“竞单管理”对话框。

当该经营年没有竞单会时，对话框显示“竞单结束或暂未开始！”，如图 5-34 所示。

图 5-34 “竞单管理”（竞单结束或暂未开始）

当进行到设有竞单会的年份时，对话框跳转到准备开始竞单的页面，如图 5-35 所示。

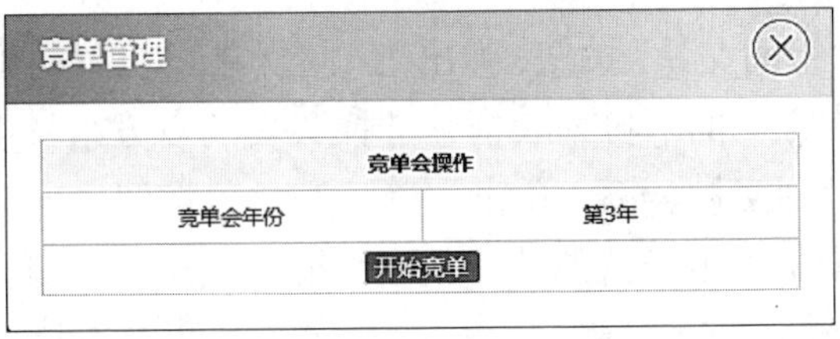

图 5-35　“竞单管理”（竞单会操作）

单击“开始竞单”按钮，弹出提示框，竞单会正式开始，如图 5-36 所示。

图 5-36　竞单会正式开始

单击“确定”按钮，对话框跳转到竞单会管理页面，如图 5-37 所示。

订单编号	市场	产品	数量	ISO	状态	所属用户
A311_01	本地	P1	3	9 14	正在竞单	
A311_02	本地	P1	1	9 14	正在竞单	
A312_01	本地	P2	3	9	正在竞单	
A312_02	本地	P2	4	14	等待	
A313_01	本地	P3	2	9 14	等待	
A313_02	本地	P3	4	9	等待	
A314_01	本地	P4	1	9	等待	
A315_01	本地	P5	4	14	等待	
A321_01	区域	P1	3	14	等待	
A321_02	区域	P1	3	9	等待	
A322_01	区域	P2	1	-	等待	
A322_02	区域	P2	2	-	等待	
A323_01	区域	P3	1	14	等待	

图 5-37　“竞单管理”（竞单状态）

竞单结束时会弹出提示框，竞单会结束，如图 5-38 所示。

图 5-38　竞单会结束

（五）组间交易

单击主页面下方的“组间交易”按钮，弹出“组间交易”对话框，如图 5-39 所示。单击“选择出货方”和“选择进货方”的下拉列表框，选择买卖的双方组号以及要交易的产品，在下方文本框内输入交易数量和交易金额，单击“确认交易”按钮，即完成了此次组间交易。

组间交易必须在两个学生组经营到某一共同系统时间点时才能操作。

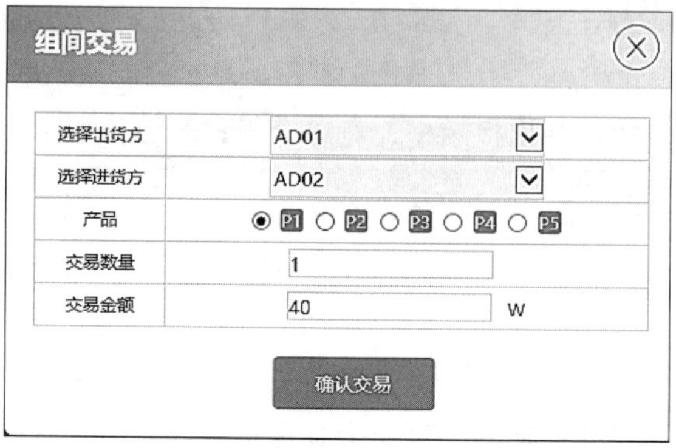

图 5-39 “组间交易”对话框

（六）排行榜单

单击主页面下方的“排行榜单”按钮，弹出“排行榜单”对话框，如图 5-40 所示。在“当前修正”下方的文本框输入教师加分或减分，单击“确认”按钮保存修正分。此功能可用来查询学生组经营的最后成绩排名。

用户名	系统时间	公司名称	学校名称	得分	当前修正	累计修正	合计
AA03	第7年1季	AA03	武汉城市职业学院	6454.57			-
AA14	第7年1季	AA14	武汉城市职业学院	6039.5			-
AA02	第7年1季	强盛集团	武汉城市职业学院	4221.39			-
AA04	第7年1季	八方来财	武汉城市职业学院	4052.32			-
AA09	第7年1季	09	武汉城市职业学院	3849.12			-
AA07	第7年1季	成柏集团	武汉城市职业学院	3818.0			-
AA17	第7年1季	AA17	武汉城市职业学院	3788.64			-
AA15	第7年1季	AAA	武汉城市职业学院	3666.0			-
AA12	第7年1季	强盛集团	武汉城市职业学院	3234.47			-
AA10	第7年1季	NO.破产	武汉城市职业学院	2580.2			-

图 5-40 “排行榜单”对话框

（七）公共信息

单击主页面下方的“公共信息”按钮，弹出“公共信息”对话框，如图 5-41 所示。在“年份”后的下拉列表框里选择要查询的年份，单击“确认信息”按钮。

图 5-41　“公共信息”对话框

确认信息后，对话框跳转到每组的经营结果信息页面，如图 5-42 所示。在对话框中央位置显示各组的本年经营利润及权益。在对话框下方显示本年的销售额市场老大（第一年除外）。

用户名	利润	权益	本年结束时间
AA02	69	399	15:3:21
AA03	148	548	15:6:9
AA04	69	379	15:4:2
AA05	18	378	15:17:2
AA06	109	399	15:5:19
AA07	247	651	15:20:21
AA08	-48	292	15:5:29
AA09	165	565	14:59:21
AA10	3	403	15:15:6

图 5-42　“公共信息”（经营结果信息）

单击对话框下方的“综合费用表”按钮，对话框跳转到可显示各组综合费用的综合费用表页面，如图 5-43 所示。

综合费用表

项目 / 用户	AA02	AA03	AA04	AA05	AA06	AA07	AA08	AA09	AA10	AA11	AA12	AA13	AA14	AA15	AA16	AA17	AA18
管理费	40	40	40	40	40	40	40	40	40	40	40	40	40	40	40	40	40
广告费	64	88	60	40	80	70	40	66	45	90	52	33	70	72	30	45	40
设备维护费	80	80	80	80	80	80	80	80	80	80	80	80	80	80	80	80	80
转产费	0	0	0	0	0	0	0	0	0	0	0	0	0	0	0	0	0
租金	40	40	40	40	40	36	40	40	40	40	40	40	40	40	40	40	40
市场准入开拓	30	30	30	10	30	30	10	30	10	0	10	0	30	30	30	30	10
产品研发	40	10	40	0	20	0	0	0	0	0	0	10	20	0	10	10	10
ISO认证资格	30	30	30	30	30	30	0	30	30	30	30	10	30	30	30	30	30

图 5-43 “公共信息”（综合费用表）

单击对话框下方的“利润表”按钮，对话框跳转到可显示各组利润的利润表页面，如图 5-44 所示。

利润表

项目 / 用户	AA02	AA03	AA04	AA05	AA06	AA07	AA08	AA09	AA10	AA11	AA12	AA13	AA14	AA15	AA16	AA17	AA18
销售收入	953	1020	984	756	1059	1037	711	891	542	849	926	602	789	995	263	753	627
直接成本	390	440	420	330	450	440	320	400	240	360	400	240	330	440	100	280	230
毛利	563	580	564	426	609	597	391	491	302	489	526	362	459	555	163	473	397
综合管理费用	324	318	320	240	320	286	234	286	245	280	252	213	310	292	260	275	250
折旧前利润	239	262	244	186	289	311	157	205	57	209	274	149	149	263	-97	198	147
折旧	120	0	120	120	120	0	120	0	0	0	0	0	120	0	0	0	0
支付利息前利润	119	262	124	66	169	311	37	205	57	209	274	149	29	263	-97	198	147
财务费用	50	114	55	48	60	47	85	40	54	60	14	33	41	40	30	78	23

图 5-44 “公共信息”（利润表）

单击对话框下方的“资产负债表”按钮，对话框跳转到可显示各组资产负债的资产负债表页面，如图 5-45 所示。

资产负债表

资产负债表

项目 / 用户	AA02	AA03	AA04	AA05	AA06	AA07	AA08	AA09	AA10	AA11	AA12	AA13	AA14	AA15	AA16	AA17	AA18
现金	159	262	277	554	303	217	250	13	33	173	515	276	164	659	10	169	324
应收款	454	282	278	210	302	338	358	548	252	352	381	240	200	0	213	353	0
在制品	120	160	120	0	120	160	0	160	0	160	160	80	120	160	80	80	0
产成品	90	40	60	0	30	40	0	80	160	120	80	20	150	40	180	0	50
原材料	0	40	0	70	0	0	40	0	180	0	0	0	0	0	40	40	0
流动资产合计	823	784	735	834	755	755	648	801	625	805	1136	616	634	859	523	642	374
土地和建筑	0	0	0	0	0	0	0	0	0	0	0	0	0	0	0	0	0
机器与设备	480	600	480	480	480	600	480	600	600	600	600	800	480	600	800	800	800

图 5-45　“公共信息”（资产负债表）

单击对话框下方的“下一年广告投放”按钮，对话框跳转到可显示下一年年初各组的广告投资额的页面。该统计数据分别以每组投放广告（格式一）和每个市场各组投放广告（格式二）的两种方式展现，可供选择，分别如图 5-46、图 5-47 所示。

第3年广告投放情况

格式一　格式二

第3年AA03广告投放情况

产品名称	本地	区域	国内	亚洲	国际
P1	0	0	0	0	0
P2	0	0	0	0	0
P3	0	30	74	0	0
P4	0	0	0	0	0
P5	0	0	0	0	0

图 5-46　“第 3 年广告投放情况”（格式一）

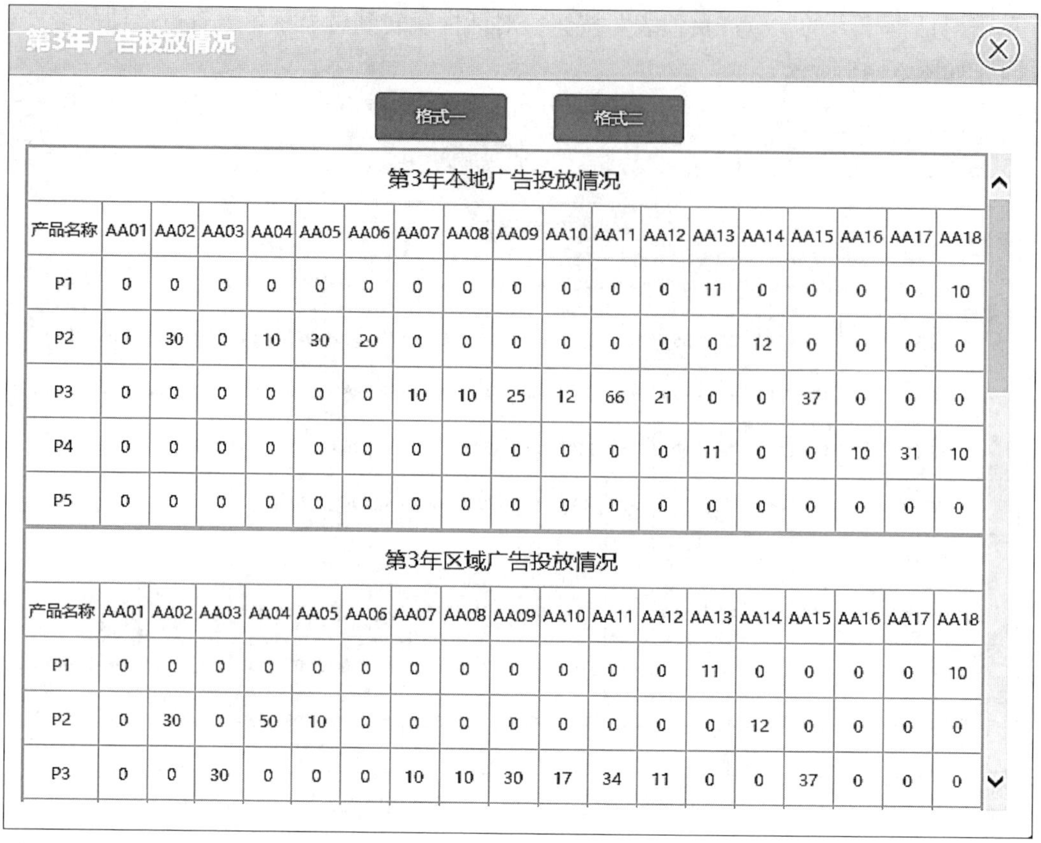

第3年本地广告投放情况																		
产品名称	AA01	AA02	AA03	AA04	AA05	AA06	AA07	AA08	AA09	AA10	AA11	AA12	AA13	AA14	AA15	AA16	AA17	AA18
P1	0	0	0	0	0	0	0	0	0	0	0	0	11	0	0	0	0	10
P2	0	30	0	10	30	20	0	0	0	0	0	0	0	12	0	0	0	0
P3	0	0	0	0	0	0	10	10	25	12	66	21	0	0	37	0	0	0
P4	0	0	0	0	0	0	0	0	0	0	0	0	11	0	0	10	31	10
P5	0	0	0	0	0	0	0	0	0	0	0	0	0	0	0	0	0	0

第3年区域广告投放情况																		
产品名称	AA01	AA02	AA03	AA04	AA05	AA06	AA07	AA08	AA09	AA10	AA11	AA12	AA13	AA14	AA15	AA16	AA17	AA18
P1	0	0	0	0	0	0	0	0	0	0	0	0	11	0	0	0	0	10
P2	0	30	0	50	10	0	0	0	0	0	0	0	0	12	0	0	0	0
P3	0	0	30	0	0	0	10	10	30	17	34	11	0	0	37	0	0	0

图 5-47 “第 3 年广告投放情况”（格式二）

单击对话框下方的“导出 Excel”按钮，弹出“文件下载”对话框，将各组的对比信息以 Excel 的形式下载保存，如图 5-48 所示。查看各组的对比信息如图 5-49 所示。

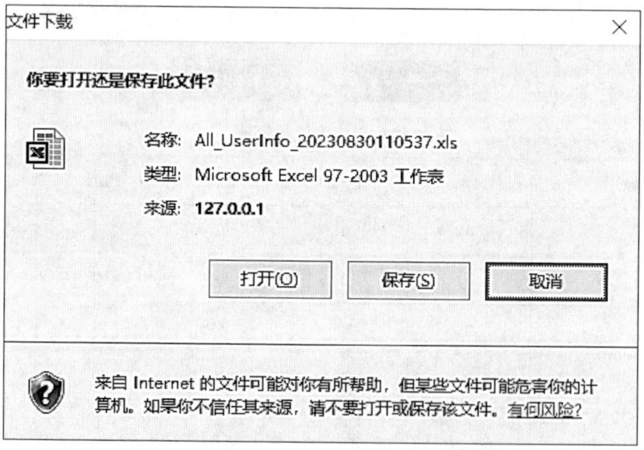

图 5-48 “文件下载”对话框

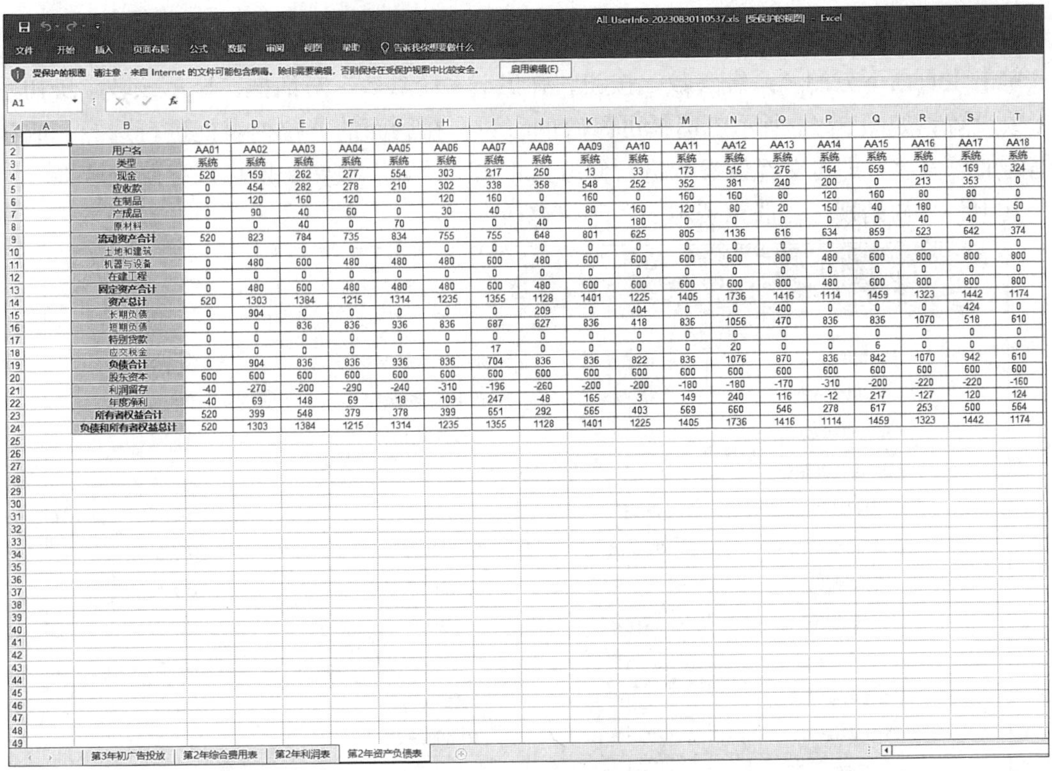

用户名	AA01	AA02	AA03	AA04	AA05	AA06	AA07	AA08	AA09
类型	系统	系统	系统	系统	系统	系统	系统	系统	系统
现金	520	159	262	277	554	303	217	250	13
应收款	0	454	282	278	210	302	338	358	548
在制品	0	120	160	120	0	120	160	0	160
产成品	0	90	40	60	0	30	40	0	80
原材料	0	0	40	0	70	0	0	40	0
流动资产合计	520	823	784	735	834	755	755	648	801
土地和建筑	0	0	0	0	0	0	0	0	0
机器与设备	0	480	600	480	480	480	600	480	600
在建工程	0	0	0	0	0	0	0	0	0
固定资产合计	0	480	600	480	480	480	600	480	600
资产总计	520	1303	1384	1215	1314	1235	1355	1128	1401
长期负债	0	904	0	0	0	0	0	209	0
短期负债	0	0	836	836	936	836	687	627	836
特别贷款	0	0	0	0	0	0	0	0	0
应交税金	0	0	0	0	0	0	17	0	0
负债合计	0	904	836	836	936	836	704	836	836
股东资本	600	600	600	600	600	600	600	600	600
利润留存	-40	-270	-200	-290	-240	-310	-196	-260	-200
年度净利	-40	69	148	69	18	109	247	-48	165
所有者权益合计	520	399	548	379	378	399	651	292	565
负债和所有者权益总计	520	1303	1384	1215	1314	1235	1355	1128	1401

用户名	AA10	AA11	AA12	AA13	AA14	AA15	AA16	AA17	AA18
类型	系统	系统	系统	系统	系统	系统	系统	系统	系统
现金	33	173	515	276	164	659	10	169	324
应收款	252	352	381	240	200	0	213	353	0
在制品	0	160	160	80	120	160	80	80	0
产成品	160	120	80	20	150	40	180	0	50
原材料	180	0	0	0	0	0	40	40	0
流动资产合计	625	805	1136	616	634	859	523	642	374
土地和建筑	0	0	0	0	0	0	0	0	0
机器与设备	600	600	600	800	480	600	800	800	800
在建工程	0	0	0	0	0	0	0	0	0
固定资产合计	600	600	600	800	480	600	800	800	800
资产总计	1225	1405	1736	1416	1114	1459	1323	1442	1174
长期负债	404	0	0	400	0	0	0	424	0
短期负债	418	836	1056	470	836	836	1070	518	610
特别贷款	0	0	0	0	0	0	0	0	0
应交税金	0	0	20	0	0	6	0	0	0
负债合计	822	836	1076	870	836	842	1070	942	610
股东资本	600	600	600	600	600	600	600	600	600
利润留存	-200	-180	-180	-170	-310	-200	-220	-220	-160
年度净利	3	149	240	116	-12	217	-127	120	124
所有者权益合计	403	569	660	546	278	617	253	500	564
负债和所有者权益总计	1225	1405	1736	1416	1114	1459	1323	1442	1174

图 5-49 查看各组的对比信息

（八）订单详情

单击主页面下方的“订单详情”按钮，弹出“订单详情”对话框，显示该教学班所有年份的市场订单明细，如图 5-50 所示。

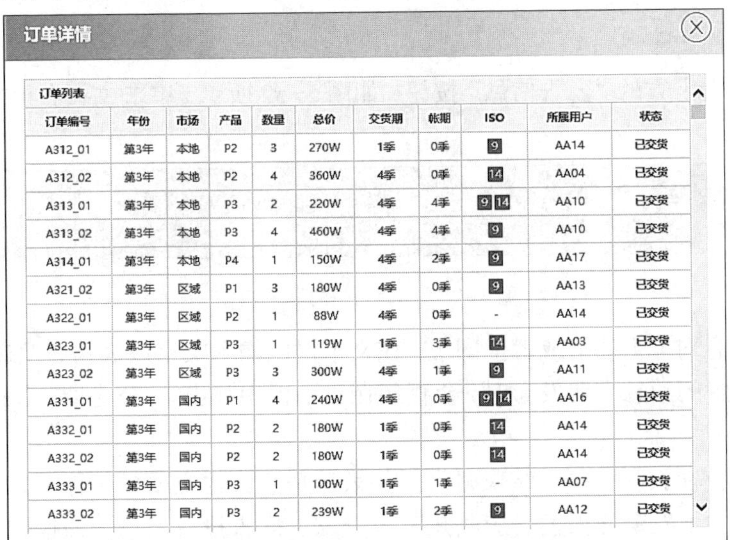

订单详情

订单列表

订单编号	年份	市场	产品	数量	总价	交货期	帐期	ISO	所属用户	状态
A312_01	第3年	本地	P2	3	270W	1季	0季	9	AA14	已交货
A312_02	第3年	本地	P2	4	360W	4季	0季	14	AA04	已交货
A313_01	第3年	本地	P3	2	220W	4季	4季	9 14	AA10	已交货
A313_02	第3年	本地	P3	4	460W	4季	4季	9	AA10	已交货
A314_01	第3年	本地	P4	1	150W	4季	2季	9	AA17	已交货
A321_02	第3年	区域	P1	3	180W	4季	0季	9	AA13	已交货
A322_01	第3年	区域	P2	1	88W	4季	0季	-	AA14	已交货
A323_01	第3年	区域	P3	1	119W	1季	3季	14	AA03	已交货
A323_02	第3年	区域	P3	3	300W	4季	1季	9	AA11	已交货
A331_01	第3年	国内	P1	4	240W	4季	0季	9 14	AA16	已交货
A332_01	第3年	国内	P2	2	180W	1季	0季	14	AA14	已交货
A332_02	第3年	国内	P2	2	180W	1季	0季	14	AA14	已交货
A333_01	第3年	国内	P3	1	100W	1季	1季	-	AA07	已交货
A333_02	第3年	国内	P3	2	239W	1季	2季	9	AA12	已交货

图 5-50 “订单详情”对话框

（九）系统参数

单击主页面下方的“系统参数”按钮，弹出“系统参数”对话框，显示该教学班初始化的参数设置，如图 5-51 所示。选择可修改的参数，在后面的下拉列表框进行选择，或在文本框内加以修改，即可对经营参数进行修改。单击“确认”按钮，即可保存修改结果。

其中，“初始现金（股东资本）”不可修改。

图 5-51 “系统参数”对话框

（十）公告信息

单击主页面右上方的“公告信息”按钮，如图 5-52 所示，单击主页右上方的“公告信息”对话框。

图 5-52 “公告信息”对话框

选择发送消息对象（某组或者全部），在文本框内输入文字或表格，发送消息给学生端。当系统有默认设置的消息需要发布时，会直接在对话框中弹出。“公告留言”对话框如图 5-53 所示。

另外，为了方便教师在每年结束时发送报表等信息，也方便学生保存，教师端“下发公告文件”按钮包含下发财务报表、应收账款及贷款、广告投放信息。该操作仅支持在当年结束到参加下一年订货会前操作，其他时间教师下发，学生端无法收到。

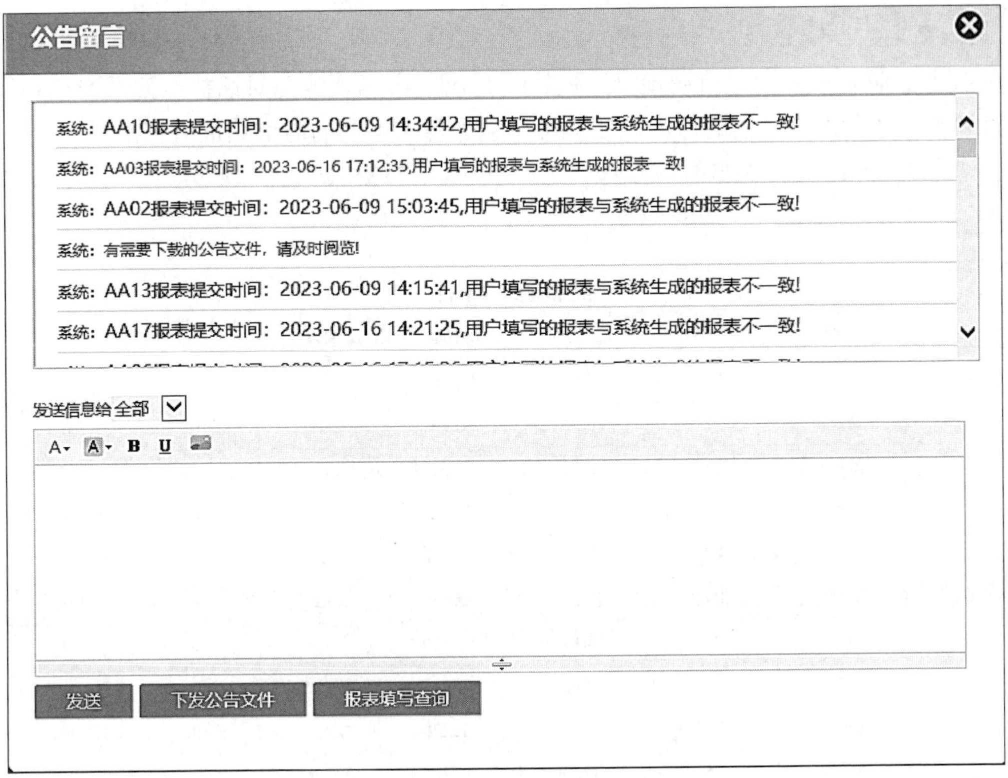

图 5-53　“公告留言”对话框

（十一）规则说明

单击主页面右上方的“规则说明”按钮，弹出“经营规则说明”对话框，即可查阅此次企业模拟运营的运营规则，如图 5-54 所示。该规则与初始化设置的系统参数一致，可根据每次参数设置不同而变动。

经营规则说明

一、生产线

名称	投资总额	每季投资额	安装周期	生产周期	总转产费用	转产周期	维修费	残值	折旧费	折旧时间	分值
手工线	35W	35W	0季	2季	0W	0季	5W/年	5W	10W	3年	0
租赁线	0W	0W	0季	1季	20W	1季	60W/年	-60W	0W	0年	0
自动线	150W	50W	3季	1季	20W	1季	20W/年	30W	30W	4年	8
柔性线	200W	50W	4季	1季	0W	0季	20W/年	40W	40W	4年	10
柔性租赁线	0W	0W	0季	1季	0W	0季	80W/年	-80W	0W	0年	0

*安装周期为0,表示即买即用
*计算投资总额时,若安装周期为0,则按1算
*不论何时出售生产线,价格为残值,净值与残值之差计入损失
*只有空闲的生产线方可转产

图 5-54　“经营规则说明”对话框

（十二）市场预测

单击主页面右上方的“市场预测”按钮，弹出“市场预测”对话框，如图 5-55 所示，即可查阅此次企业模拟运营的市场预测信息，包含每个市场的需求数量值和市场均价。

市场预测

市场预测表——均价							
序号	年份	产品	本地	区域	国内	亚洲	国际
1	第2年	P1	51.89	51.76	0	0	0
2	第2年	P2	70.21	70.16	0	0	0
3	第2年	P3	90.69	92.61	0	0	0
4	第2年	P4	134.90	131.45	0	0	0
5	第2年	P5	152.21	146.10	0	0	0
6	第3年	P1	51.39	50.51	54.93	0	0
7	第3年	P2	74.19	69.82	73.76	0	0
8	第3年	P3	93.78	93.74	93.56	0	0
9	第3年	P4	128.19	132.50	124.71	0	0
10	第3年	P5	142.72	153.82	147.97	0	0
11	第4年	P1	50.38	51.78	50.43	53.46	0
12	第4年	P2	71.40	73.53	68.77	73.06	0
13	第4年	P3	89.55	93.45	92.90	94.15	0
14	第4年	P4	124.00	120.45	126.05	126.91	0

图 5-55 “市场预测”对话框

第二节 学生训练平台操作使用说明

一、全年运营流程说明

（一）年度运营流程

新商战模拟运营企业经营 6 个年度，每个年度分设 4 个季度运行。年度运营流程如图 5-56 所示。

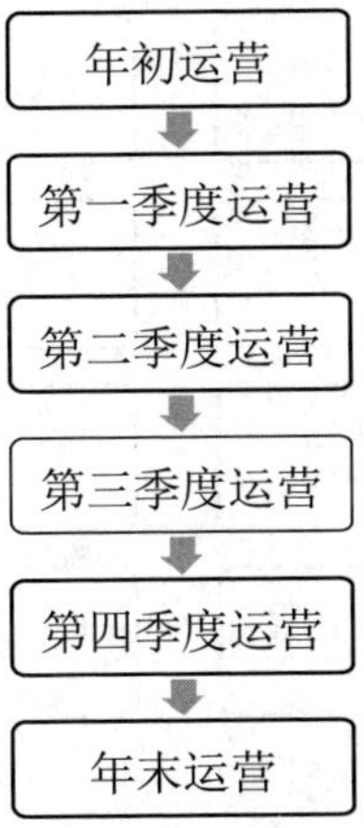

图 5-56　年度运营流程

（二）年初运营流程

年初企业运营过程包括年度规划会议、投放广告及支付广告费及支付所得税、参加订货会、长期贷款，具体运营流程如图 5-57 所示。

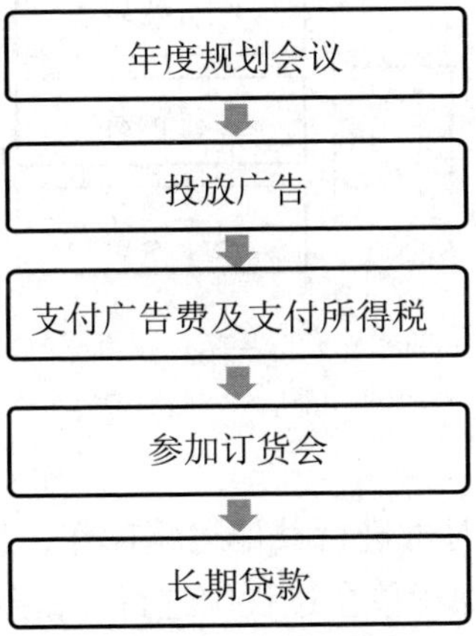

图 5-57　年初运营流程

（三）每季度运营流程

每季度运营流程如图 5-58 所示。

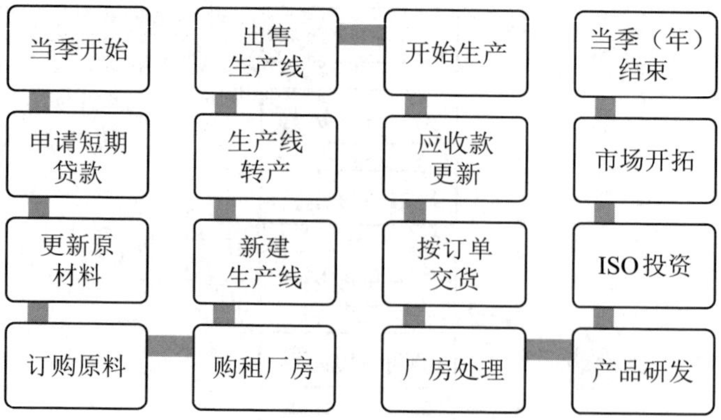

图 5-58　每季度运营流程

（四）年末运营流程

年末运营流程主要为填写报表，具体如图 5-59 所示。

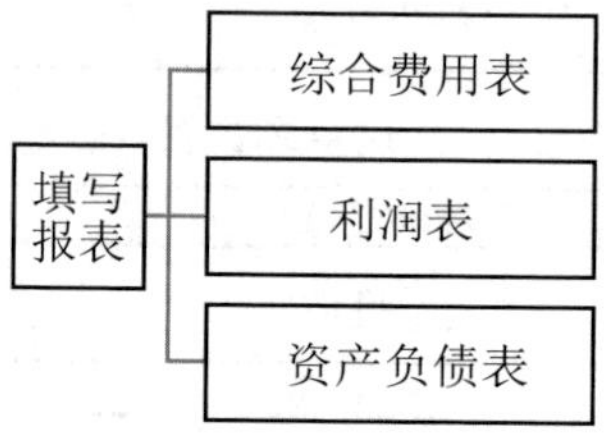

图 5-59　年末运营流程

（五）流程外运营操作

除上述运营操作外，企业随时可进行其他运营操作，如图 5-60 所示。但为保证企业按规则经营，系统限制了各组在参加竞单会过程中进行“紧急采购”和“间谍”操作。

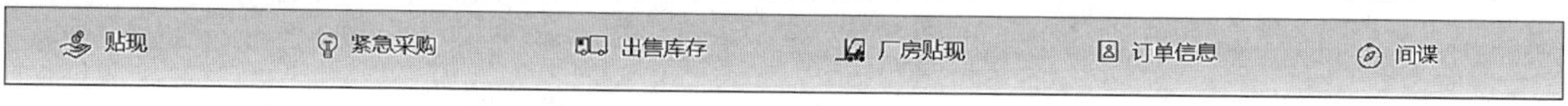

图 5-60　流程外运营操作

二、操作说明

（一）年初运营操作

1. 年度规划会议

年度规划会议在每个运营年度开始时召开，在软件中无须操作。年度规划会议一般由团队的 CEO 主持召开，会同团队中的采购、生产、销售等负责人进行全年的市场预测分析、广告投放、订单选取、产能扩张、产能安排、材料订购、订单交货、产品研发、市场开拓、筹资管理和现金控制等方面的分析和决策，最终完成全年运营的财务预算。

2. 支付广告费和支付所得税

单击“当年结束”按钮，系统时间切换到下一年年初。需要投放广告，确认投放后系统会自动扣除所投放的广告费和上年应缴纳的所得税。

3. 参加订货会

（1）操作

单击学生端主页面下方的“参加订货会”按钮，弹出“订货会就绪”对话框或“参加订货会”对话框。当部分学生组存在未完成投放广告操作时，当前组显示图 5-61；当所有学生组均已完成投放广告，且教师 / 裁判已经启动订货会时，系统会显示图 5-62。

图 5-61　“订货会就绪”对话框

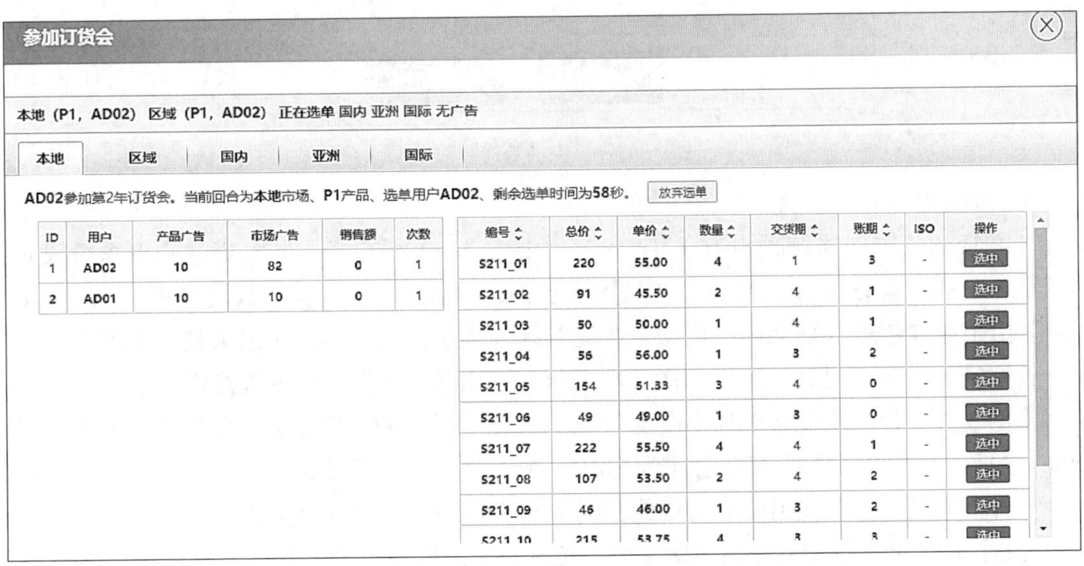

ID	用户	产品广告	市场广告	销售额	次数
1	AD02	10	82	0	1
2	AD01	10	10	0	1

编号	总价	单价	数量	交货期	账期	ISO	操作
S211_01	220	55.00	4	1	3	-	选中
S211_02	91	45.50	2	4	1	-	选中
S211_03	50	50.00	1	4	1	-	选中
S211_04	56	56.00	1	3	2	-	选中
S211_05	154	51.33	3	4	0	-	选中
S211_06	49	49.00	1	3	0	-	选中
S211_07	222	55.50	4	4	1	-	选中
S211_08	107	53.50	2	4	2	-	选中
S211_09	46	46.00	1	3	2	-	选中
S211_10	215	53.75	4	3	3	-	选中

图 5-62　“参加订货会”对话框

（2）说明

系统会提示正在进行选单的市场（显示为红色）、选单用户和剩余选单时间。企业选单时要特别关注上述信息。

对话框左边显示某市场的选单顺序，右边显示该市场的订单列表。未轮到当前用户选单时，右边一系列操作无法进行。当轮到当前用户选单时，操作显示“选中”按钮，单击“选中”按钮，成功选单。选单倒计时结束后，用户无法再进行选单。

选单时要特别注意两个市场同时进行选单的情况，因为此时很容易漏选市场订单。

全部市场选单结束后，订货会结束。

4. 申请长贷

（1）操作

单击学生端主页面下方的“申请长贷”按钮，弹出“申请长贷”对话框，如图 5-63 所示。对话框中显示本企业当前时间可以贷款的最大额度，单击“需贷款年限”下拉列表框，选择贷款年限；在“需贷款额”文本框内输入贷款金额，单击“确认”按钮，即申请长贷成功。

图 5-63 “申请长贷”对话框

（2）说明

“需贷款年限”系统预设有 1 年、2 年、3 年、4 年和 5 年，最大贷款额度系统设定为上年年末企业所有者权益的 N 倍，N 具体为多少，由教师 / 裁判在参数设置中设定。“需贷款额”由企业在年度规划会议中根据企业运营规划确定，但不得超过最大贷款额度。

长期贷款为分期付息，到期一次还本。年利率由教师 / 裁判在参数设置中设定。

【例 5-1】若长期贷款年利率设定为 10%，最大贷款额度设定为上年年末所有者权益的 3 倍，企业上年年末所有者权益总额为 80W，企业之前没有贷款，则本次贷款的最大额度为多少？若企业之前已存在 100W 的贷款，则本次贷款的最大额度为多少？

分析：若长期贷款年利率设定为 10%，最大贷款额度设定为上年年末所有者权益的 3 倍，企业上年年末所有者权益总额为 80W，则本年度最大贷款额度为 240W（80W × 3）。假定企业之前没有贷款，则本次贷款的最大额度为本年度最大贷款额度，即为 240W。若企业之前已经存在 100W 的贷款，则本次贷款的最大额度为本年度最大贷款额度减去已贷金额，即为 140W。

若企业第一年年初贷入了100W，期限为5年，则系统会在第二年至第六年年初自动扣除长贷利息10W（100W×10%），并在第六年年初自动偿还贷款本金100W。

（二）每季度运营操作

1. 当季开始

（1）操作

单击“当季开始”按钮，系统会弹出“当季开始”对话框，如图5-64所示，该操作完成后才能进入季度内的各项操作。

（2）说明

当季开始操作时，系统会自动完成短期贷款的更新，偿还短期借款本息，检测更新生产/完工入库情况（若已完工，则完工产品会自动进入产品库，可通过查询库存信息了解入库情况），检测生产线完工/转产完工情况。

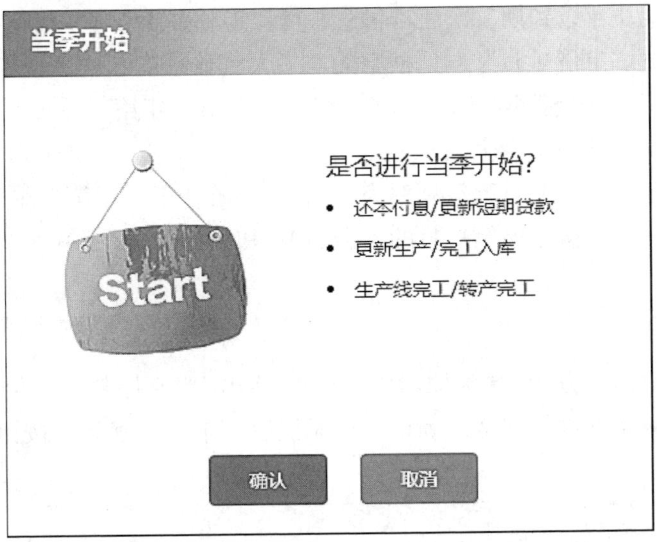

图5-64　“当季开始”对话框

2. 申请短贷

（1）操作

单击学生端主页面下方的“申请短贷”按钮，弹出“申请短贷”对话框，如图5-65所示。在“需贷款额”文本框内输入金额，单击“确认”按钮，即申请短贷成功。

图 5-65 “申请短贷”对话框

（2）说明

短贷期限默认为 1 年，到期一次还本付息，贷款年利率由教师 / 裁判在参数设置中设定。申请短贷时不得超过“申请短贷”对话框中的“最大贷款额度”。

【例 5-2】假定短期贷款年利率为 5%，企业若在第一年第一季度贷入 20W，那么，企业需在第二年第一季度偿还多少金额？

分析：应缴假定企业短期贷款年利率为 5%，企业若在第一年第一季度贷入 20W，那么，企业需在第二年第一季度偿还该笔短贷的本金 20W 和利息 1W（20W × 5%）。

3. 更新原料库

（1）操作

单击学生端主页面下方的“更新原料库”按钮，弹出“更新原料”对话框，如图 5-66 所示，提示当前应入库原料需支付的现金。确认金额无误后，单击“确认”按钮，系统自动扣除现金并增加原料库存。

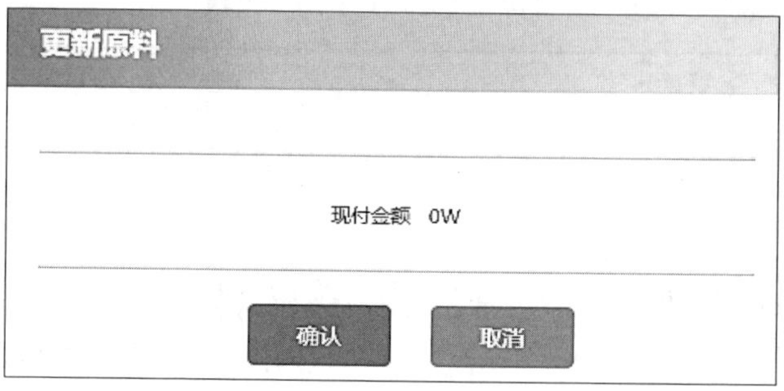

图 5-66 “更新原料”对话框

（2）说明

企业经营沙盘运营中，原材料一般分为 R1、R2、R3、R4 四种，它们的采购价格由系统设定，一般每 1 个原材料价格均为 1W。其中 R1、R2 原材料是在订购 1 个季度后支付，R3、R4 原材料是在订购 2 个季度后支付。

【例 5-3】假定每种原材料每个采购价格均为 1W，若某企业在第一季度订购了 Rl、R2、R3、R4 各 1 个，第二季度又订购了 Rl、R2、R3、R4 各 2 个，则在第二季度、第三季度进行更新原料操作时，分别应支付多少材料采购款?

分析：假定每种原材料每个采购价格均为 10W，若某企业在第一季度订购了 Rl、R2、R3、R4 各 1 个，第二季度又订购了 Rl、R2、R3、R4 各 2 个，则在第二季度更新原料操作时，需支付的材料采购款为 20W（系第一季度订购的 R1 和 R2 材料款）；在第三季度更新原料操作时，需支付的材料采购款为 60W（系第一季度订购的 R3、R4 材料款和第二季度订购的 Rl、R2 材料款），具体分析过程如表 5-1 所示。

表 5-1　原材料采购支付周期分析

	第一季度	第二季度	第三季度
订购原材料	1*R1/1*R2/1*R3/1*R4	2*R1/2*R2/2*R3/2*R4	
在途物资	1*R3/1*R4	1*R3/1*R4	2*R3/2*R4
原材料入库		1*R1/1*R2	1*R3/1*R4 2*R1/2*R2

4. 订购原料

（1）操作

单击学生端主页面下方的“订购原料”按钮，弹出“订购原料”对话框，如图 5-67 所示，显示原料名称、价格、运货期、数量等信息，在“数量”一列的文本框内输入需订购的原料量值，单击“确认”按钮即可。

图 5-67　“订购原料”对话框

（2）说明

企业原材料一般分为 Rl、R2、R3、R4 四种，其中 Rl、R2 原材料需提前 1 个季度订购，在 1 个季度后支付材料款并入库；R3、R4 原材料需提前 2 个季度订购，在 2 个季度后支付材料款并入库。材料订购数量由后期生产需要来决定，订购多了会造成现金占用，订购少了则不能满足生产需要，会造成生产线停产，甚至不能按期完成产品交货，导致产品订单违约。

【例 5-4】若企业第二季度需要领用 5R1、4R2，第三季度需要领用 3R1、4R2、5R3、4R4，第四季度需要领用 4R1、6R2、4R3、5R4，则企业第一季度、第二季度分别需要订购多少原材料?

分析：若企业第二季度需要领用 5R1、4R2，第三季度需要领用 3R1、4R2、5R3、4R4，第四季度需要领用 4R1、6R2、4R3、5R4，则企业第一季度需要订购的原材料为 5R1、4R2、5R3、4R4，第二季度需订购的原材料为 3R1、4R2、4R3、5R4，具体分析过程如表 5-2 所示。

表 5-2　原材料采购时间分析

	第一季度	第二季度	第三季度	第四季度
订购原材料	5*R1/4*R2/5*R3/4*R4	3*R1/4*R2/4*R3/5*R4	4*R1/6*R2	
在途物资	5*R3/4*R4	5*R3/4*R4	4*R3/5*R4	4*R3/5*R4
原材料入库		5*R1/4*R2	5*R3/4*R4 3*R1/4*R2	4*R1/6*R2 4*R3/5*R4

5. 购租厂房

（1）操作

单击学生端主页面下方的“购租厂房”按钮，弹出“购租厂房”对话框，如图 5-68 所示。在“厂房类型”下拉列表框中选择厂房类型，该下拉列表框中会提示每种厂房的购买价格、租用价格等。在“订购方式”选项中选择“买”或“租”单选按钮，单击“确认”按钮即可。

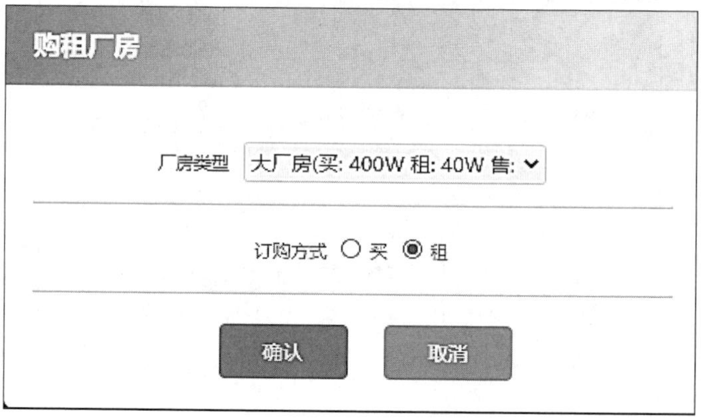

图 5-68　“购租厂房”对话框

（2）说明

厂房类型根据需要选择大厂房或小厂房，订购方式可以根据需要选择购买或租入。厂房每季度均可购入或租入。

若选择购入，则需一次性支付购买价款，无后续费用；若选择租入，则需每年支付租金，租金支付时间为租入当时以及以后每年对应季度的季末。

【例 5-5】企业在第一年第二季度购入或租入 1 个大厂房，应分别在什么时候付款？

分析：若企业在第一年第二季度选择购入 1 个大厂房，则系统会在购入时一次性扣除相应的购买价款，以后不再产生相关扣款。

若企业在第一年第二季度选择租入 1 个大厂房，则需在第一年第二季度租入时支付第一年租金，以后每年的租金由系统自动在第二季度季末支付。

6. 新建生产线

（1）操作

单击学生端主页面下方的“新建生产线”按钮，弹出“新建生产线”对话框，如图 5-69 所示。选择放置生产线的厂房，在“类型”下拉列表框中选择要新建的生产线类型，该下拉列表框中有生产线购买的价格信息，选择新建的生产线计划生产产品的类型，单击“确认”按钮即可。

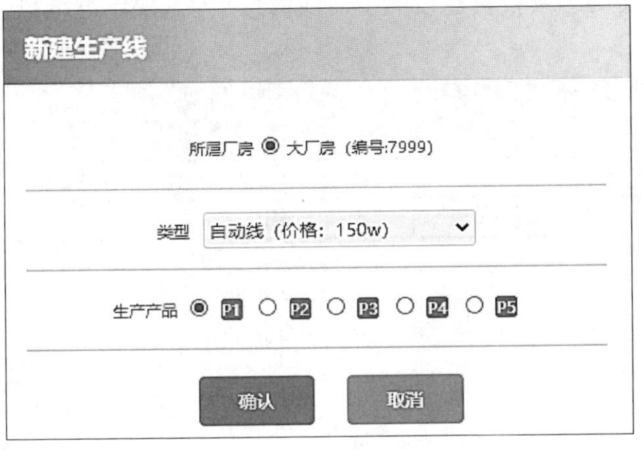

图 5-69　“新建生产线”对话框

新建多条生产线时，无须退出该界面，可重复操作。

（2）说明

生产线一般包括手工线、半自动线、自动线和柔性线等，各种生产线的购买价格（以下简称“买价”）、折旧、残值、生产周期、转产周期、建造周期详见规则说明。

【例 5-6】若规则规定：手工线买价 30W、建造周期 0Q，半自动线买价 100W、建造周期 1Q，全自动线买价 150W、建造周期 3Q，柔性线买价 200W、建造周期 4Q。企业如果在第一年第一季度同时建造上述生产线，则企业应如何付款？

分析：若手工线买价 30W、建造周期 0Q，半自动线买价 100W、建造周期 1Q，全自动线买价 150W、建造周期 3Q，柔性线买价 200W、建造周期 4Q。企业如果在第一年第一季度同时建造上述生产线，则第一季度新建生产线需支付 230W（手工线 30W、半自动线 100W、自动线 50W、柔性线 50W），第二季度在建生产线需支付 100W（自动线 50W、柔性线 50W），第三季度在建生产线需支付 100W（自动线 50W、柔性线 50W），第四季度在建生产线需支付 50W（柔性线 50W），建造过程如表 5-3 所示。

表 5-3　新建生产线

单位：元

项　目	第一年第一季度	第一年第二季度	第一年第三季度	第一年第四季度	第二年第一季度	总投资额
手工线	30W 建成					30W
半自动线	100W 在建	建成				100W
自动线	50W 在建	50W 在建	50W 在建	建成		150W
柔性线	50W 在建	50W 在建	50W 在建	50W 在建	建成	200W
当季投资总额	230W	100W	100W	50W		480W

7. 在建生产线

（1）操作

单击学生端主页面下方的“在建生产线”按钮，弹出“在建生产线”对话框，如图 5-70 所示。对话框中显示需要继续投资建设的生产线信息，勾选决定继续投资的生产线，单击“确认”按钮即可。

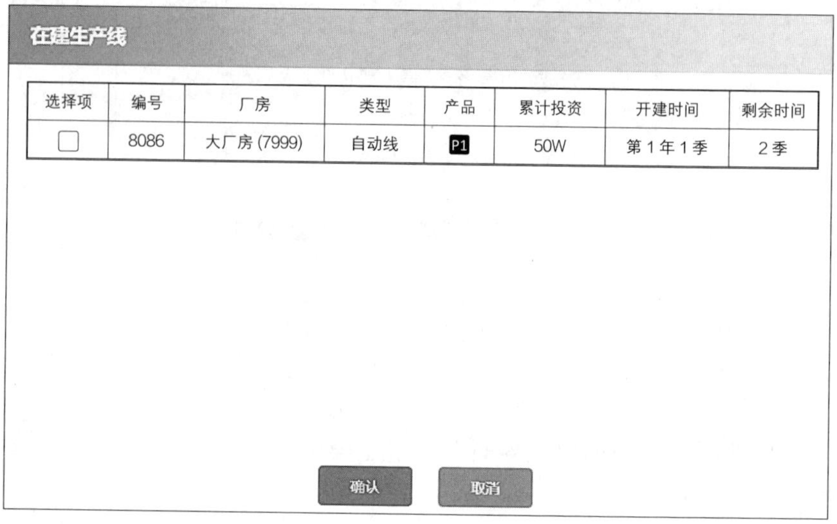

图 5-70　“在建生产线”对话框

（2）说明

只有处于建造周期的生产线才会在此对话框中显示，该对话框中会提供处于建造周期的生产线的累计投资额、开建时间和剩余建造周期等信息。

8. 生产线转产

（1）操作

单击学生端主页面下方的“生产线转产”按钮，弹出“生产线转产”对话框，如图 5-71 所示。对话框中显示可以进行转产的生产线信息，勾选转产的生产线以及转产后要生产的产品，单击“确认”按钮即可。

图 5-71　“生产线转产”对话框

（2）说明

生产线建造时已经确定了生产的产品种类，但是在企业运营过程中，为了完成不同产品数量的订单，保证按时交货，可能会对生产线生产的产品进行适当的转产操作，转产时要求该生产线处于待生产状态，否则不可进行转产操作。

转产时，不同生产线的转产费用和转产周期是有区别的，具体详见规则说明。当转产周期大于1Q时，下一季度单击“生产线转产”按钮，弹出的对话框中显示需要继续转产的生产线，勾选即继续投资转产，不选即中断转产。

【例 5-7】假定规则规定手工线转产周期为 0Q、转产费用为 0W。若某手工线原定生产 P1 产品，现在需要转产为 P2 产品，企业应如何操作？假定规则规定半自动线转产周期为 1Q，转产费用为 1W。若某半自动线原定生产 P1 产品，现在需要转产为 P2 产品，企业又应如何操作？

分析：假定规则规定手工线转产周期为 0Q、转产费用为 0W。若某手工线原定生产 P1 产品，现在需要转产为 P2 产品，则转产时要求该手工线上没有在制品，且转产当季即可上线生产新的 P2 产品，无须支付转产费用。

假定规则规定半自动线转产周期为 1Q，转产费用为 1W。若某半自动线原定生产 P1 产品，现在需要转产为 P2 产品，则转产时要求该半自动线上没有在制品，且需在进行 1 个季度的“生产线转产”操作后，方能上线生产新的 P2 产品。此外，需支付相应的转产费用 1W。

9. 出售生产线

（1）操作

单击学生端主页面下方的“出售生产线”按钮，弹出“出售生产线”对话框，如图 5-72 所示。对话框中显示可以进行出售的生产线信息。勾选要出售的生产线，单击“确认”按钮即可。

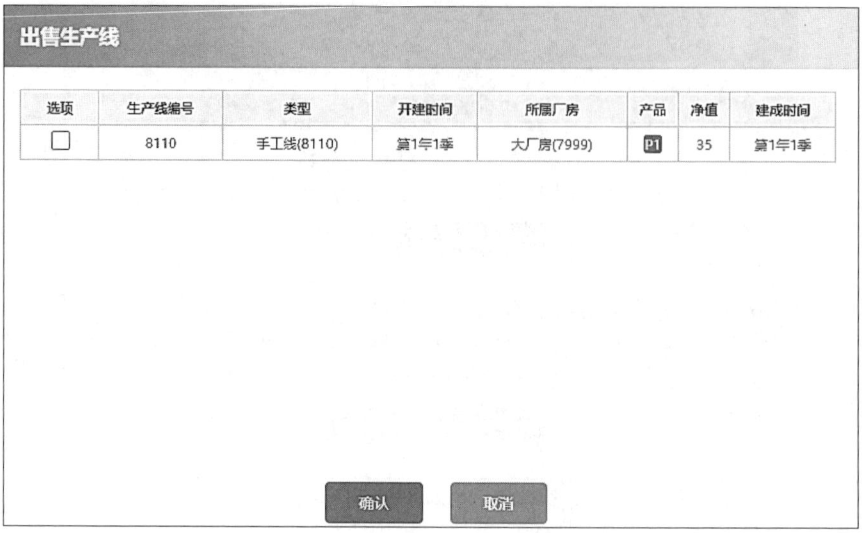

图 5-72 “出售生产线”对话框

（2）说明

生产线出售的前提是该生产线处于空闲状态，即没有正在生产产品。出售时按残值收取现金，净值（生产线的原值减去累计折旧后的余额）与残值之间的差额作为企业损失，即已提足折旧的生产线不会产生出售损失，未提足折旧的生产线必然产生出售损失。

【例 5-8】假定规则确定半自动线建造周期为 1Q、原值为 10W、净残值为 2W、使用年限为 4 年，若某企业第一年第一季度开建一条半自动线，则该企业何时可出售此条半自动线？

分析：假定规则确定半自动线建造周期为 1Q、原值为 10W、净残值为 2W、使用年限为 4 年，若某企业第一年第一季度开建一条半自动线，则该生产线系第一年第二季度建成，只要该生产线处于待生产状态即可进行出售。

若建成后当年将其出售，则会收到 2W 现金，同时产生 8W 损失 [（原值 10W- 累计折旧 0W）- 净残值 2W]；若第二年将其出售，则会收到 2W 现金，同时产生 6W 损失 [（原值 10W- 累计折旧 2W）- 净残值 2W]，依此类推。

10. 开始生产

（1）操作

单击学生端主页面下方的“开始生产”按钮，弹出“开始下一批生产”对话框，如图 5-73 所示。对话框中显示可以进行生产的生产线信息。勾选要投产的生产线，单击“确认”按钮即可。

（2）说明

开始下一批生产时应保证相应的生产线空闲、产品完成研发、生产原料充足、投产用的现金充足，上述四个条件缺一不可。开始下一批生产操作时，系统会自动从原材料库领用相应的原材料，并从现金库扣除用于生产的人工费用。

图 5-73　“开始下一批生产”对话框

【例 5-9】假定规则规定 P1 产品构成为 1R1+10W，当前若在某半自动线上上线生产 P1 产品，企业应具有什么条件？

分析：假定规则规定 P1 产品构成为 1R1+10W，当前若在某半自动线上上线生产 P1 产品，则要求该半自动线此时没有在制品（因为一条生产线同一时间只能生产 1 个产品），且原材料库有 1 个 R1 原材料，还要有 10W 的现金用于支付产品生产的人工费。上线生产后，系统会自动从 R1 原材料库中领用 1 个 R1，并从现金库中扣除 10W 的生产费用。

11. 应收账款更新

（1）操作

单击学生端主页面下方的“应收账款更新”按钮，弹出“应收账款更新”对话框，如图 5-74 所示，单击“确认”按钮即可。

（2）说明

应收账款更新操作实质上是将企业所有的应收账款项减少 1 个收账期，具体分为两种情况：一是针对本季度尚未到期的应收账款，系统会自动将其收账期减少 1 个季度；二是针对本季度到期的应收账款，系统会自动计算并在“收现金额”框内显示，单击“确认”按钮，系统会自动增加企业的现金。

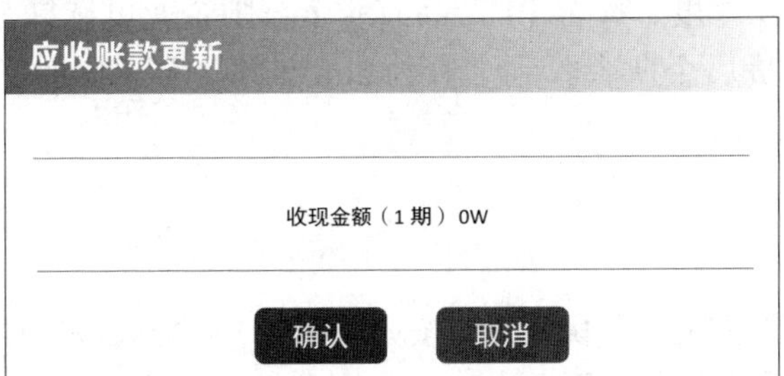

图 5-74　“应收账款更新”对话框

【例 5-10】若某企业上季度末应收账款有两笔：一笔为账期为 3Q、金额为 20W 的应收账款，另一笔为账期为 1Q、金额为 30W 的应收账款。则本季度进行应收账款更新时，企业应收到多少应收账款？

分析：若某企业上季度末应收账款有两笔：一笔为账期为 3Q、金额为 20W 的应收账款，另一笔为账期为 1Q、金额为 30W 的应收账款。则本季度进行应收账款更新时，系统会将账期为 3Q、金额为 20W 的应收账款更新为账期为 2Q、金额为 20W 的应收账款，同时系统会自动将账期为 1Q、金额为 30W 的应收账款收现。

12. 按订单交货

（1）操作

单击学生端主页面下方的按“订单交货”按钮，弹出“交货订单”对话框，如图 5-75 所示。单击每条订单后的“确认交货”按钮，即可交货。

交货订单

订单编号	市场	产品	数量	总价	得单年份	交货期	账期	ISO	操作
S211_07	本地	P1	4	222W	第2年	4季	1季	-	确认交货
S221_13	区域	P1	4	208W	第2年	3季	0季	-	确认交货
S212_11	本地	P2	4	301W	第2年	4季	0季	-	确认交货
S213_01	本地	P3	3	255W	第2年	4季	0季	-	确认交货
S213_02	本地	P3	3	290W	第2年	2季	2季	-	确认交货

图 5-75　“交货订单”对话框

（2）说明

“交货订单”对话框中会显示年初订货会上取得的所有产品订单，该订单会提供订单销售收入总价、某订单需交的产品种类和数量、交货期限、账期等信息。单击相应订单右边的“确认交货”按钮后，若相应产品库存足够，则提示交货成功；若库存不足，则会弹出“库存不足”的提示框。订单交货后会收取相应的现金或产生相应的应收账款。

若企业获取的订单情况如图 5-75 所示，则表示上述订单均要求在当年第四季度结束前交货，如果不能按时交货则取消该产品订单，且要支付相应的违约金，违约金比率由教师/裁判在系统参数中设置。

若当前为当年的第三季度，库存 P1 产品有 4 个，则企业可选择 S221_13 订单进行交货，由于账期为 0 季，则交货后企业会收到金额为 208W 的现金。同时，系统会从 P1 产品库中减少 4 个 P1 产品予以交货。

13. 厂房处理

（1）操作

单击学生端主页面下方的“厂房处理”按钮，弹出“厂房处理”对话框，如图 5-76 所示。选择厂房的处理方式，系统会自动显示出符合处理条件的厂房以供选择。勾选需要处理厂房，单击“确认”按钮即可。

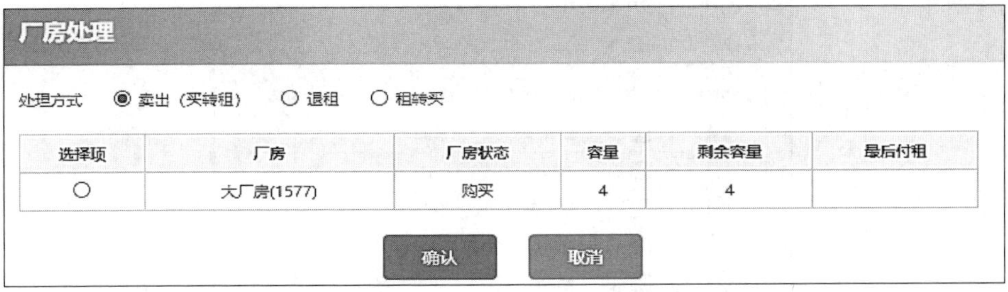

图 5-76　“厂房处理”对话框

（2）说明

厂房处理方式包括卖出（买转租）、退租、租转买三种。

买转租操作针对原购入的厂房，实际上此操作包括两个环节，一是卖出厂房，二是将此厂房租回。卖出厂房将根据规则产生一定金额、一定账期的应收账款（详见规则说明），租入厂房需支付对应的租金。这一操作无须厂房空置。

退租操作针对原租入的厂房，该操作要求厂房内无生产设备，若从上年支付租金时开始算租期未满 1 年的，则无须支付退租当年的租金，反之则需支付退租当年的租金。

租转买操作针对原租入的厂房，该操作实质上包括两个环节，一是退租，二是将该厂房买入。退租当年租金是否需要支付参照“退租操作”说明，购买厂房时需支付相应的购买价款。这一操作无须厂房空置。

【例 5-11】假定规则规定某大厂房购买价为 30W，租金 4W/ 年。若企业欲将原购入的大厂房买转租，则有什么后果？若企业于上年第二季度租入一个大厂房，如果在本年度第二季度结束前或结束后退租，又分别会产生什么不同后果？若企业欲租转买原租入的大厂房，又有什么后果？

分析：若企业欲将原购入的大厂房买转租，则会产生期限为 4Q、金额为 30W 的应收账款，同时系统会在买转租时自动扣除当期厂房租金 4W。

若企业于上年第二季度租入一个大厂房，如果在本年度第二季度结束前退租，则系统无须支付第二个年度的厂房租金；如果在本年度第二季度结束后退租，则系统需扣除第二个年度的厂房租金 4W。此操作要求该厂房内无生产设备。

若企业欲租转买原租入的大厂房，则系统不会在大厂房租入的对应季度扣除当年的租金，而是在租转买时支付大厂房的购买价款 30W。

14. 产品研发

（1）操作

单击学生端主页面下方的“产品研发”按钮，弹出“产品研发”对话框，如图 5-77 所示。勾选需要研发的产品，单击“确认”按钮即可。

（2）说明

产品研发按照季度来投资，每个季度均可操作，中间可以中断投资，直至产品研发完成，产品研发成功后方能生产相应的产品。

图 5-77 “产品研发”对话框

【例 5-12】若规则规定 Pl、P2、P3 产品的研发规则如图 5-77 所示。某企业在第一年第一季度开始同时研发上述 3 种产品，且中间不中断研发，则企业需要分别在什么时候支付研发费用?

分析：若规则规定 Pl、P2、P3 产品的研发规则如图 5-77 所示，某企业在第一年第一季度开始同时研发上述 3 种产品，且中间不中断研发，则第一年第一季度需支付研发费用 30W，第一季度无产品研发完成；第一年第二季度需支付研发费用 30W，此时 P1 产品研发完成，第三季度即可生产 P1 产品；第一年第三季度需支付研发费用 20W，此时 P2 产品研发完成，第四季度即可生产 P2 产品；第一年第四季度需支付研发费用 10W，此时 P3 产品研发完成，第二年第一季度即可生产 P3 产品，具体研发过程如表 5-4 所示。

表 5-4 产品研发

项　目	第一年 第一季度	第一年 第二季度	第一年 第三季度	第一年 第四季度	第二年 第一季度
P1	10W	10W	研发完成		
P2	10W	10W	10W	研发完成	
P3	10W	10W	10W	10W	研发完成
当季投资总额	30W	30W	20W	10W	0W

15. ISO 投资

（1）操作

ISO 投资操作只有每年第四季度才出现。单击学生端主页面下方的“ISO 投资”按钮，弹出“ISO 投资”对话框，如图 5-78 所示。勾选需要投资的 ISO 资质，单击“确认”按钮即可。

图 5-78 “ISO 投资”对话框

（2）说明

ISO 投资包括产品质量（ISO 9000）认证投资和产品环保（ISO 14000）认证投资。企业若想在订货会上选取带有 ISO 认证的订单，必须取得相应的 ISO 认证资格，否则不能选取该订单。ISO 投资每年进行一次，可中断投资，直至 ISO 投资完成。

【例 5-13】假定 ISO 投资规则如图 5-78 所示，企业若在第一年同时开始投资 ISO 9000 和 ISO 14000，中间不中断投资，则企业应如何进行操作？

分析：假定 ISO 投资规则如图 5-78 所示，企业若在第一年同时开始投资 ISO 9000 和 ISO 14000，中间不中断投资，则第一年该企业需支付 ISO 投资额 30W（ISO 9000 投资费用 10W+ISO 14000 投资费用 20W），第二年该企业还需支付 ISO 投资额 30W，此时完成 ISO 投资。该企业可在第三年的年度订货会中选取带有 ISO 认证的订单。

16. 市场开拓

（1）操作

市场开拓操作只有每年第四季度才出现。单击学生端主页面下方的“市场开拓”按钮，弹出“市场开拓”对话框，如图 5-79 所示。勾选需要开拓的市场，单击“确认”按钮即可。

（2）说明

企业经营沙盘中的市场包括本地市场、区域市场、国内市场、亚洲市场和国际市场。市场开拓是企业进入相应市场投放广告、选取产品订单的前提。市场开拓每年第四季度末可操作一次，中间可中断投资。

市场开拓

选择项	市场	投资费用	投资时间	剩余时间
☑	本地	10W/年	1年	-
☑	区域	10W/年	1年	-
☑	国内	10W/年	2年	-
☑	亚洲	10W/年	3年	-
☑	国际	10W/年	4年	-

确认 取消

图 5-79 “市场开拓”对话框

【例 5-14】假定规则规定本地市场、区域市场、国内市场、亚洲市场和国际市场的开拓期分别为 0、1、2、3、4 年，开拓费用均为每年 10W。若企业从第一年年末开始开拓所有市场，且中间不中断投资，则企业应如何进行操作？何时可进入各个市场？

分析：假定规则规定本地市场、区域市场、国内市场、亚洲市场和国际市场的开拓期分别为 0、1、2、3、4 年，开拓费用均为每年 10W。若企业从第一年年末开始开拓所有市场，且中间不中断投资，则：

第一年需支付 50W（各类市场各 10W）市场开拓费用，且当即完成本地市场的开拓，即在第二年年初的订货会上可对本地市场投放广告、选取订单；

第二年年末需支付 30W（国内市场、亚洲市场、国际市场各 10W）市场开拓费用，且完成区域市场和国内市场的开拓，即在第三年年初的订货会上可对本地市场、区域市场和国内市场投放广告、选取订单；

第三年年末需支付 20W（亚洲市场、国际市场各 10W）市场开拓费用，且完成亚洲市场的开拓，即在第四年年初的订货会上可对本地市场、区域市场、国内市场和亚洲市场投放广告、选取订单；

第四年年末需支付 10W（国际市场 10W）市场开拓费用，且完成国际市场的开拓，即在第五年年初的订货会上可对所有市场投放广告、选取订单。

17. 当季（年）结束

（1）操作

当季（年）结束操作在每年第一至第三季度末显示“当季结束”，每年第四季度末显示“当年结束”。单击学生端主页面下方的“当季结束”按钮或“当年结束”按钮，弹出“当季结束”对话框或“当年结束”对话框，分别如图 5-80、图 5-81 所示。核对当季（年）结束需要支付或更新的事项。确认无误后，单击“确认”按钮即可。

（2）说明

当季结束时，系统会自动支付行政管理费、厂房续租、检测“产品开发”完成情况。

当年结束时，系统会自动支付行政管理费、厂房续租、检测产品开发完成情况、检测新市场开拓完成情况、检测 ISO 资格认证投资完成情况、支付设备维护费、计提折旧、违约扣款。

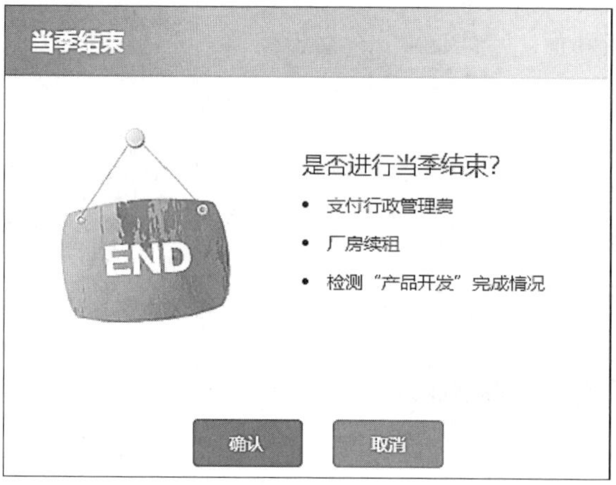

图 5-80 “当季结束”对话框

图 5-81 “当年结束”对话框

（三）年末运营操作

1. 填写报表

（1）操作

单击学生端主页面下方的“填写报表”按钮，弹出“填写报表”对话框，如图 5-82 所示。

依次在综合费用表、利润表、资产负债表的文本框内输入相应计算数值，三张表填写过程中都可单击“保存”按钮，暂时保存数据。此后单击“提交”按钮，即提交结果，系统计算数值是否正确并在教师端公告信息中显示判断结果。

图 5–82　“填写报表”对话框

（2）说明

1)综合费用表反映企业期间费用的情况，具体包括管理费用、广告费、设备维护费、租金、市场开拓费、ISO 认证费、产品研发费、信息费和其他等项目。其中，信息费是指企业为查看竞争对手的财务信息而支付的费用。

2)利润表反映企业当期的盈利情况，具体包括销售收入、直接成本、综合费用、折旧、财务费用、所得税等项目。其中，销售收入为当期按订单交货后取得的收入总额，直接成本为当期销售产品的总成本，综合费用根据“综合费用表”中的合计数填列，折旧系当期生产线折旧总额，财务费用为当期借款所产生的利息总额，所得税根据利润总额计算。

此外，下列项目为系统自动计算，公式如下：

$$销售毛利 = 销售收入 - 直接成本$$

$$折旧前利润 = 销售毛利 - 综合费用$$

$$支付利息前利润 = 折旧前利润 - 折旧$$

$$税前利润 = 支付利息前利润 - 财务费用$$

$$净利润 = 税前利润 - 所得税$$

3)资产负债表反映企业当期财务状况，具体包括现金、应收账款、在制品、产成品、原材料等流动资产，土地建筑物、机器设备和在建工程等固定资产，长期贷款、短期贷款、特别贷款、应交税费金等负债，以及股东资本、利润留存、年度净利等所有者权益项目。

其中，相关项目填列方法如下：

①“现金”根据企业现金结存数填列。

②“应收账款”根据应收账款余额填列。

③“在制品”根据在产的产品直接成本填列。

④“产成品”根据结存在库的完工产品直接成本填列。

⑤“原材料”根据结存在库的原材料总成本填列。

⑥“土地建筑物”根据购入的厂房总价值填列。

⑦“机器设备”根据企业拥有的已经建造完成的生产线的总净值填列。

⑧“在建工程”根据企业拥有的在建的生产线的总价值填列。

⑨“长期贷款”根据长期贷款余额填列。

⑩“短期贷款”根据短期贷款余额填列。

⑪“特别贷款”根据后台特别贷款总额填列（一般不会遇到）。

⑫“应交税费金”根据计算出的应缴纳的所得税金额填列。

⑬“股东资本”根据企业收到的股东注资总额填列。

⑭“利润留存”根据上年末企业的利润结存情况填列。

⑮“年度净利”根据本年度利润表中的净利润填列。

2. 投放广告

（1）操作

投放广告操作在每年年初进行，单击学生端主页面下方的“投放广告”，弹出“投放广告”对话框，如图 5-83 所示。输入各市场广告费金额，单击“确认”按钮即可。

投放广告

产品市场	本地	区域	国内	亚洲	国际
P1	10 W	30 W	0 W	0 W	0 W
P2	21 W	33 W	0 W	0 W	0 W
P3	51 W	17 W	0 W	0 W	0 W
P4	0 W	0 W	0 W	0 W	0 W
P5	0 W	0 W	0 W	0 W	0 W

确认　取消

图 5-83　“投放广告”对话框

（2）说明

市场开拓完成，相应的市场显示为黑色字体，则可在该市场投放广告费。若市场显示为红色字体，则表示该市场尚未开拓完成，不可在该市场投放广告费。市场广告费的投放要根据市场的竞争激烈程度、企业自身的产能布局、发展战略、竞争对手的广告投放策略等多方面因素综合考虑。广告投放后，可等待教师 / 裁判开启订货会。订货会开始的前提是所有的小组均完成广告投放。

（四）流程外运营操作

1. 贴现

（1）操作

贴现操作随时可进行，单击学生端主页面下方的“贴现”按钮，弹出“贴现”对话框，如图 5-84 所示。对话框中显示可以贴现的应收账款金额，选好贴现期，在“贴现额”一列文本框中输入要贴现的金额。单击“确认”按钮，系统根据不同贴现期扣除不同贴息，将贴现金额加入现金。

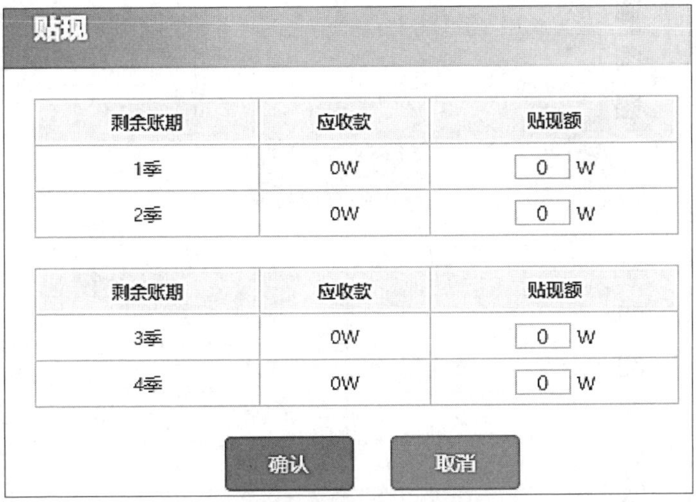

图 5-84 “贴现”对话框

（2）说明

贴现是指将提前收回未到期的应收账款，因为该应收账款并非正常到期收回，所以贴现时需支付相应的贴现利息。贴现利息 = 贴现金额 × 贴现率，贴现率由教师 / 裁判在参数设置中设定，相关规定详见规则说明。这一操作一般在企业短期内存在现金短缺，且无法通过成本更低的正常贷款取得现金流时才考虑使用。

【例 5-15】假定某企业账期为 1Q 和 2Q 的应收账款贴现率为 10%，账期为 3Q 和 4Q 的应收账款贴现率为 12.5%，若现将账期为 2Q、金额为 10W 的应收账款和账期为 3Q、金额为 20W 的应收账款同时贴现，则企业实际收到的金额是多少？

分析：贴现利息 = 贴现金额 × 贴现率 =10W × 10%+20W × 12.5%=3.5W，约等于 4W，因为规则规定贴现利息一律向上取整。

实收金额 = 贴现金额 − 贴现利息 =10W+20W−4W=26W

贴现后收到的 26W，当即增加企业现金；产生的贴现利息 4W，作为财务费用入账。

2. 紧急采购

（1）操作

紧急采购操作随时可进行，单击学生端主页面下方的“紧急采购”按钮，弹出“紧急采购”

对话框，如图 5-85 所示。对话框显示当前企业的原料、产品的库存数量以及紧急采购价格，在“订购量”一列文本框中输入数值，单击“确认采购”按钮即可。

图 5-85 “紧急采购”对话框

（2）说明

紧急采购是为了解决材料或产品临时短缺而出现的，企业原材料订购不足或产品未能按时生产出来，均可能造成产品订单不能按时交货，从而导致订单违约、失去该订单收入和支付违约损失。为避免该损失，企业可通过紧急采购少量的短缺原材料或产品，从而满足生产或交货的需要，促使产品订单按时交货，由此取得相应的销售利润。紧急采购价格一般比正常采购价格高很多，具体由教师 / 裁判在参数设置中设定。操作时既可以紧急采购原材料，也可以紧急采购库存产品。

3. 出售库存

（1）操作

出售库存操作随时可进行，单击学生端主页面下方的“出售库存”按钮，弹出“出售库存”对话框，如图 5-86 所示。对话框显示当前企业的原料、产品的库存数量以及销售价格，在“出售数量”一列文本框中输入数值，单击“出售原料”按钮即可。

（2）说明

企业一般只有在资金极度短缺时才会考虑出售库存。出售库存一般会在成本的基础上打折，出售价格由教师 / 裁判在参数设置中设定。

出售库存

产品	库存数量	销售价格	出售数量
P1	0	20.0W/个	0
P2	0	30.0W/个	0
P3	0	40.0W/个	0
P4	0	50.0W/个	0
P5	0	60.0W/个	0

出售产品

原料	库存数量	销售价格	出售数量
R1	0	8.0W/个	0
R2	0	8.0W/个	0
R3	0	8.0W/个	0
R4	0	8.0W/个	0
R5	0	8.0W/个	0

出售原料

图 5-86　“出售库存”对话框

4. 厂房贴现

（1）操作

厂房贴现操作随时可进行，单击学生端主页面下方的“厂房贴现”按钮，弹出“厂房贴现”对话框，如图 5-87 所示。对话框中显示可以贴现的厂房信息，选择某一厂房，单击“确认”按钮即可贴现。系统根据每类厂房出售价格贴现，如果有生产线则应扣除该厂房的租金，保证厂房继续经营。

厂房贴现

选择项	厂房	容量	剩余容量
○	大厂房(1577)	4	4

确认　取消

图 5-87　“厂房贴现”对话框

（2）说明

厂房贴现操作实质上是将厂房卖出（买转租）产生的应收账款直接贴现取得现金。它与“厂房处理”中的卖出（买转租）的区别在于，“厂房处理”的卖出（买转租）操作所产生的应收账款并未直接贴现，而“厂房贴现”则直接将卖出（买转租）产生的应收账款同时贴现。

5. 订单信息

（1）操作

订单信息操作随时可进行，单击学生端主页面下方的“订单信息”按钮，弹出“订单信息”对话框，如图 5-88 所示。对话框中显示当前企业所有年份获得的订单，可以查询每个订单的完成时间、状态等信息。

订单信息

订单编号	市场	产品	数量	总价	状态	得单年份	交货期	账期	ISO	交货时间
S213_01	本地	P3	3	255W	未到期	第2年	4季	0季	-	-
S211_07	本地	P1	4	222W	未到期	第2年	4季	1季	-	-
S212_11	本地	P2	4	301W	未到期	第2年	4季	0季	-	-
S213_02	本地	P3	3	290W	未到期	第2年	2季	2季	-	-
S221_13	区域	P1	4	208W	未到期	第2年	3季	0季	-	-

图 5-88　“订单信息”对话框

（2）说明

企业随时可单击“订单信息”按钮查阅所取得的订单情况，从而确定生产安排、交货安排等情况。

6. 间谍

（1）操作

单击学生端主页面下方的“间谍”按钮，弹出“间谍”对话框，如图 5-89 所示，单击“确认下载”按钮，即可完成“间谍”操作。

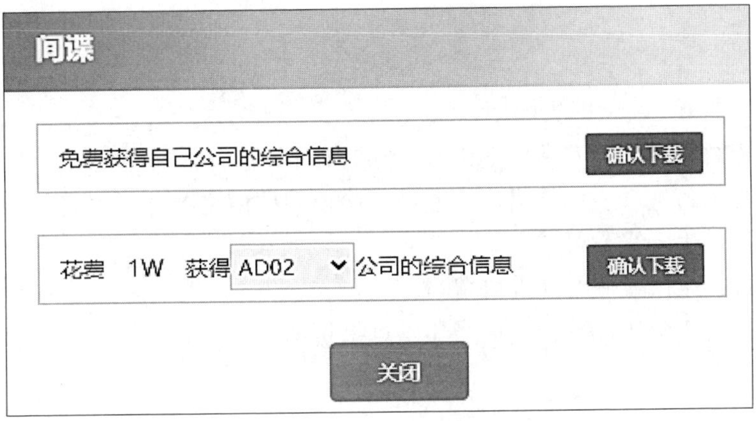

图 5-89　“间谍”对话框

（2）说明

“间谍”对话框中可显示自己公司的信息和其他公司的信息，可免费获取自己公司的信息，以 Excel 形式查阅或保存企业经营数据。若要查看其他公司的信息，则需支付教师 / 裁判在参数设置中设定的间谍费。

第三节　电子沙盘运营规则与市场预测

一、电子沙盘运营规则

电子沙盘的运营规则可直接采用系统提供的运营规则，也可根据实际情况做相关调整，下面以新道新商战沙盘系统 v5.0 中本科组的竞赛规则一为例进行介绍。

（一）生产线

生产线规则见表 5-5。

表 5-5　生产线规则

名　称	投资总额 /W	每季投资额 /W	安装周期 / 季	生产周期 / 季	总转产费用 /W	转产周期 / 季	维修费 /（W/ 年）	残值 /W	折旧费 /W	折旧时间 / 年	分值
超级手工	35	35	0	2	0	0	5	5	10	3	0
自动线	150	50	3	1	20	1	20	30	30	4	8
柔性线	200	50	4	1	0	0	20	40	40	4	10
租赁线	0	0	0	1	20	1	65	－ 65	0	0	0

提示：

1）安装周期为 0，表示即买即用。

2）计算投资总额时，若安装周期为 0，则按 1 计算。

3）不论何时出售生产线，价格均为残值，净值与残值之差计入损失。

4）只有空闲的生产线方可转产。

5）当年建成的生产线需要交维修费。

6）折旧按平均年限法计算，建成当年不计提折旧。

（二）融资

融资规则见表 5-6。

表 5-6　融资规则

<table>
<tr><th>贷款类型</th><th>贷款时间</th><th>贷款额度</th><th>年　息</th><th>还款方式</th><th>备　注</th></tr>
<tr><td>长期贷款</td><td>每年年初</td><td rowspan="2">所有长短贷之和不超过上年所有者权益的 3 倍</td><td>10%</td><td>年初付息，到期还本</td><td rowspan="2">不小于 10W</td></tr>
<tr><td>短期贷款</td><td>每季度初</td><td>5%</td><td>到期一次还本付息</td></tr>
<tr><td rowspan="2">资金贴现</td><td rowspan="2">任何时间</td><td rowspan="2">视应收账款金额确定</td><td>1 季、2 季：10%</td><td rowspan="2">变现时贴息</td><td rowspan="2">各账期分开核算，分开计息</td></tr>
<tr><td>3 季、4 季：12.5%</td></tr>
<tr><td>库存拍卖</td><td colspan="5">100%（产品）；80%（原料）</td></tr>
</table>

（三）厂房

厂房规则见表 5-7。

表 5-7　厂房规则

名　称	购买价格 /W	租金 /（W/ 年）	出售价格 /W	容　量	分　值
大厂房	400	40	400	4	10
中厂房	300	30	300	3	8
小厂房	180	18	180	2	7

提示:

1）厂房出售得到四个账期的应收账款，紧急情况下可厂房贴现，直接得到现金。

2）厂房租入后，一年后可做租转买、退租等处理，如续租系统会自动处理。

（四）市场开拓

市场开拓规则见表 5-8。

表 5-8　市场开拓规则

名　称	开发费 /（W/ 年）	开发时间 / 年	分　值
本地	10	1	7
区域	10	1	7
国内	10	2	8
亚洲	10	3	9
国际	10	4	10

提示:

1）市场开拓的开发费用按开发时间在年末支付，不允许加速投资，但可以中断投资。

2）市场开发完成后，领取相应的市场准入证。

（五）ISO资格认证

ISO 资格认证规则见表 5-9。

表 5-9　ISO 资格认证规则

名　称	开发费 /（W/ 年）	开发时间 / 年	分　值
ISO 9000	10	2	8
ISO 14000	20	2	10

提示:

1）ISO 资格认证的开发费用在年末支付，不允许加速投资，但可以中断投资。

2）开发完成后，领取相应的资格证。

（六）产品研发

产品研发规则见表 5-10。

表 5-10　产品研发规则

名　称	开发费 /（W/ 季）	开发时间 / 季	加工费 /W	直接成本 /W	分值	产品组成
P1	10	2	10	20	7	R1×1
P2	10	3	10	30	8	R2×1+R3×1
P3	10	4	10	40	9	R1×1+R3×1+R4×1
P4	10	5	10	50	10	P1×1+R1×1+R3×1

提示：

产品研发的开发费用在季末支付，不允许加速投资，但可以中断投资。

（七）原料设置

原料设置规则见表 5-11。

表 5-11　原料设置规则

名　称	购买单价 /W	提前期 / 季
R1	10	1
R2	10	1
R3	10	2
R4	10	2

（八）其他说明

1）紧急采购，付款即到货，原材料价格为直接成本的 2 倍，成品价格为直接成本的 3 倍。

2）选单规则：上年本市场销售额最高（无违约）的优先，其次为本市场本产品广告额，再次为本市场广告总额，最后为市场销售排名；如仍无法决定，先投广告者先选单。

3）破产标准：现金断流或权益为负。

4）第一年无订单。

5）交单可提前，不可推后，违约收回订单。

6）违约金扣除遵循“四舍五入”原则；库存拍卖所得现金遵循“向下取整”原则；贴现费用遵循“向上取整”原则；扣税遵循“四舍五入”原则；长短贷利息遵循“四舍五入”原则。

7）库存折价拍卖、生产线变卖、紧急采购、订单违约计入损失。

8）排行榜计分标准为：

总成绩 = 所有者权益 ×（1+ 企业综合发展潜力 /100）

企业综合发展潜力 = 市场资格分值 +ISO 资格分值 + 生产资格分值 + 厂房分值 + 各条生产线分值

在上式中，生产线建成（包括转产）即加分，无须生产出产品，也无须有在制品。

（九）重要参数

一些重要参数见表 5-12。

表 5-12　重要参数

违约金比例	20%	贷款额倍数	3 倍
产品折价率	100%	原料折价率	80%
长贷利率	10%	短贷利率	5%
1 期、2 期贴现率	10%	3 期、4 期贴现率	12.5%

续表

初始现金	600W	管理费	10W
信息费	1W	所得税率	25%
最大长贷年限	5 年	最小得单广告额	10W
原料紧急采购倍数	2 倍	产品紧急采购倍数	3 倍
选单时间	45 秒	首位选单补时	15 秒
市场同开数量	2	市场老大	有
竞单时间	90 秒	竞单同竞数	3
最大厂房数量	4 个	–	–

二、电子沙盘市场预测

电子沙盘市场预测包括均价、需求量、订单数量的市场预测表，分别见表 5-13、表 5-14 和表 5-15。

表 5-13 市场预测表（均价） 单位：万元

序 号	年 份	产 品	本地市场	区域市场	国内市场	亚洲市场	国际市场
1	第二年	P1	49.91	50.52	0	0	0
2		P2	70.13	73.33	0	0	0
3		P3	93.68	93.61	0	0	0
4		P4	115.88	114.17	0	0	0
5	第三年	P1	50.54	51.42	50.96	0	0
6		P2	71.44	73	70.42	0	0
7		P3	92.67	89.95	90.96	0	0
8		P4	107.86	105.08	108.56	0	0
9	第四年	P1	49.43	49.69	51.82	49.20	0
10		P2	68.92	72.95	72.45	72.37	0
11		P3	89.44	90.24	92.78	91.67	0
12		P4	109	104.16	105.19	106.89	0
13	第五年	P1	49.08	48.70	50.16	49	51.69
14		P2	70.95	70.89	69.88	71.19	69.59
15		P3	90.27	88.64	88.68	91.33	88.29
16		P4	103.92	108.35	107.05	103.50	104.17
17	第六年	P1	51.12	49	49.19	51.43	49.89
18		P2	70.91	71.05	71.55	70.26	71.32
19		P3	91.68	89.21	93	90.25	88.81
20		P4	104.06	105.65	104.81	103.39	106.28

表 5-14 市场预测表（需求量）

单位：个

序 号	年 份	产 品	本地市场	区域市场	国内市场	亚洲市场	国际市场
1	第二年	P1	22	33	0	0	0
2		P2	23	18	0	0	0
3		P3	25	18	0	0	0
4		P4	26	23	0	0	0
5	第三年	P1	24	26	23	0	0
6		P2	25	25	24	0	0
7		P3	30	21	27	0	0
8		P4	14	12	16	0	0
9	第四年	P1	30	26	33	25	0
10		P2	26	20	22	19	0
11		P3	27	29	27	18	0
12		P4	21	19	16	18	0
13	第五年	P1	24	27	25	25	29
14		P2	22	28	32	21	32
15		P3	30	25	22	18	28
16		P4	24	20	22	28	24
17	第六年	P1	24	21	26	28	28
18		P2	23	20	20	27	22
19		P3	28	29	24	24	26
20		P4	18	23	26	23	32

表 5-15 市场预测表（订单数量）

单位：份

序 号	年 份	产 品	本地市场	区域市场	国内市场	亚洲市场	国际市场
1	第二年	P1	12	13	0	0	0
2		P2	10	8	0	0	0
3		P3	12	9	0	0	0
4		P4	9	8	0	0	0
5	第三年	P1	11	11	10	0	0
6		P2	11	12	10	0	0
7		P3	12	10	10	0	0
8		P4	7	6	8	0	0
9	第四年	P1	12	10	12	11	0
10		P2	10	9	9	9	0
11		P3	11	12	11	9	0
12		P4	9	8	7	8	0

续表

序　号	年　份	产　品	本地市场	区域市场	国内市场	亚洲市场	国际市场
13	第五年	P1	9	11	10	9	12
14		P2	9	10	11	8	11
15		P3	11	10	8	8	10
16		P4	9	7	9	10	10
17	第六年	P1	11	8	10	11	12
18		P2	10	9	10	10	9
19		P3	10	11	11	8	11
20		P4	8	9	9	8	11

三、电子沙盘财务报表

电子沙盘财务报表包括综合费用明细表、利润表、资产负债表，分别见表 5-16、表 5-17 和表 5-18。

表 5-16　综合费用明细表

单位：M

项　目		金　额	备　注
行政管理费	+		
广告费	+		
设备维护费	+		
厂房租金	+		
转产费	+		
市场开拓	+		区域（ ）国内（ ）亚洲（ ）国际（ ）
ISO 认证	+		ISO 9000 （ ） ISO 14000 （ ）
产品研发	+		P2 （ ） P3 （ ） P4 （ ）
其他	+		
合计	=		

表 5-17　利润表

单位：M

项　目		上年数	本年数
销售收入	+		
直接成本	−		
毛利	=		
综合费用	−		
折旧前利润	=		
折旧	−		
支付利息前利润	=		
财务收入 / 支出	+ / −		
其他收入 / 支出	+ / −		
税前利润	=		
所得税	−		
净利润	=		

表 5-18　资产负债表

单位：M

资　产		期初数	期末数	负债和所有者权益		期初数	期末数
流动资产：				负债：			
现金	+			长期贷款	+		
应收账款	+			短期贷款	+		
在制品	+			特别贷款	+		
成品	+			应付账款	+		
原料	+			应交税费	+		
流动资产合计	=			负债合计	=		
固定资产：				所有者权益：			
土地和建筑	+			股东资本	+		
机器和设备	+			利润留存	+		
在建工程	+			年度净利	+		
固定资产合计	=			所有者权益合计	=		
资产总计	=			负债和所有者权益总计	=		

在沙盘模拟运营中，经常会出现账目不平的现象，可以通过下列查账的方法来解决：

1）查看经营记录是否记录完整。

2）核对报表与沙盘盘面是否相符。

3）核对报表与正确报表间的错误项目。

4）核实填制报表的方法是否正确。

第六章 仿真企业电子沙盘实战演练

第一节　电子沙盘实战演练第一年

在仿真企业电子沙盘模拟运营操作中，由 CEO 领导组内成员按照企业经营流程进行操作，其中每年度的经营记录表由 CEO 填写。在每项工作完成后，由 CEO 在相应的方格内打钩确认，以示完成。如果涉及现金收支业务，则应在财务总监的协助下将现金收支的数额填写在相应方格内。第一年经营记录表如表 6-1 所示。

表 6-1　第一年经营记录表

时　间	具体事项	对应季度			
		1Q	2Q	3Q	4Q
年初	新年度规划会议				
	参加订货会 / 登记销售订单				
	制订新年度计划				
	支付应交税费				
	支付长期贷款利息				
	更新长期贷款 / 长期贷款还款				
	申请长期贷款				
日常	季初盘点（请填数量）				
	更新短期贷款 / 短期贷款还本付息				
	申请短期贷款				
	原材料入库 / 更新原料订单（付款）				
	下原料订单（不付款）				
	购买 / 租用厂房				
	更新生产 / 完工入库				
	新建 / 在建 / 转产 / 变卖生产线				
	紧急采购原料（随时进行）				
	开始下一批生产				
	更新应收账款 / 应收账款收现				
	按订单交货				
日常	产品研发投资				

续表

时　间	具体事项	对应季度			
		1Q	2Q	3Q	4Q
日常	厂房买转租（卖出）/ 退租 / 租转买				
	支付管理费 / 更新厂房租金				
	出售库存				
	厂房贴现				
	应收账款贴现				
	季末数额对账				
年末	缴纳违约订单罚款				
	支付设备维护费				
	计提折旧				
	新市场 /ISO 资格认证				
	结账				

在每年的新年度规划会议中，企业各管理人员提出自己的意见，财务总监进行现金的预算，填写现金预算表，预算这一年中资金是否可以保证不断流，以便确定如何投资、交货的先后顺序等。最后根据现金预算状况，CEO 连同小组成员确定最终运营方案。第一年现金预算表如表 6-2 所示。

表 6-2　第一年现金预算表

单位：万元

项　目	1Q	2Q	3Q	4Q
期初库存现金				
支付上年应交税费				
支付长期贷款利息				
支付到期长期贷款本金				
市场广告费投入				
折现费用				
支付短期贷款利息				
支付到期短期贷款本金				
支付原料采购现金				
支付生产线投资				
支付生产线转产费				
支付产品加工费				
收到现金前的所有支出				
应收账款到期				
支付产品研发投资				
支付管理费用				
支付设备维护费用				
支付租金				
支付购买厂房费用				
支付市场开拓费用				
支付 ISO 认证费				

续表

项　目	1Q	2Q	3Q	4Q
其他				
现金收入合计				
现金支出合计				
现金多余或不足				
向银行贷款				
贴现收到现金				
期末现金余额				

综合费用明细表用于记录企业日常运营过程中发生的各项费用。年末，财务总监需编制利润表，以便核算企业当年的经营成果。在编制完利润表的基础上，财务总监还要负责资产负债表的编制。第一年综合费用明细表如表 6-3 所示，第一年利润表如表 6-4 所示，第一年资产负债表如表 6-5 所示。

表 6-3　第一年综合费用明细表　　单位：万元

项　目	金　额
管理费	
广告费	
设备维护费	
损失（其他）	
转产费	
厂房租金	
新市场开拓	
ISO 资格认证	
产品研发	
信息费	
合计	

表 6-4　第一年利润表　　单位：万元

项　目	金　额
销售收入	
－直接成本	
＝毛利	
－综合费用	
＝折旧前利润	
－折旧	
＝支付利息前利润	
－财务费用	
＝税前利润	
－所得税	
＝年度净利润	

表 6-5　第一年资产负债表

单位：万元

现金			长期贷款	
应收账款			短期贷款	
在制品			应交所得税	
产成品			特别贷款	
原材料			应交税费金	
流动资产合计			负债合计	
土地和建筑			股东资本	
机器与设备			利润留存	
在建工程			年度净利	
固定资产合计			所有者权益合计	
资产总计			负债和所有者权益总计	

第二节　电子沙盘实战演练第二年

电子沙盘实战演练第二年相关表格如表 6-6 至表 6-10 所示。

表 6-6　第二年经营记录表

时　间	具体事项	对应季度			
		1Q	2Q	3Q	4Q
年初	新年度规划会议				
	参加订货会 / 登记销售订单				
	制订新年度计划				
	支付应交税费				
	支付长期贷款利息				
	更新长期贷款 / 长期贷款还款				
	申请长期贷款				
日常	季初盘点（请填数量）				
	更新短期贷款 / 短期贷款还本付息				
	申请短期贷款				
	原材料入库 / 更新原料订单（付款）				
	下原料订单（不付款）				
	购买 / 租用厂房				
	更新生产 / 完工入库				
	新建 / 在建 / 转产 / 变卖生产线				
	紧急采购原料（随时进行）				
	开始下一批生产				
	更新应收账款 / 应收账款收现				
	按订单交货				
	产品研发投资				
	厂房买转租（卖出）/ 退租 / 租转买				
	支付管理费 / 更新厂房租金				
	出售库存				
	厂房贴现				
	应收账款贴现				
	季末数额对账				

续表

年末	缴纳违约订单罚款		
	支付设备维护费		
	计提折旧		
	新市场 /ISO 资格认证		
	结账		

表 6-7　第二年现金预算表

单位：万元

项　目	1Q	2Q	3Q	4Q
期初库存现金				
市场广告投入				
支付应交税费				
支付长期贷款利息				
支付短期贷款利息 / 到期短贷				
原材料采购支付现金				
购买 / 租用厂房支付现金				
生产线投资				
转产费用				
工人工资				
收到现金前的所有支出				
应收账款到期				
产品研发现金支出				
新市场开拓 /ISO 资格投资				
支付设备维护费				
计提折旧				
新市场 /ISO 资格认证				
其他				
库存现金余额				

表 6-8　第二年综合费用明细表

单位：万元

项　目	金　额
管理费	
广告费	
设备维护费	
损失（其他）	
转产费	
厂房租金	
新市场开拓	
ISO 资格认证	
产品研发	
信息费	
合计	

表 6-9　第二年利润表　　单位：万元

项　目	金　额
销售收入	
－直接成本	
＝毛利	
－综合费用	
＝折旧前利润	
－折旧	
＝支付利息前利润	
－财务费用	
＝税前利润	
－所得税	
＝年度净利润	

表 6-10　第二年资产负债表　　单位：万元

现金			长期贷款	
应收账款			短期贷款	
在制品			应交所得税	
产成品			特别贷款	
原材料			应交税费金	
流动资产合计			负债合计	
土地和建筑			股东资本	
机器与设备			利润留存	
在建工程			年度净利	
固定资产合计			所有者权益合计	
资产总计			负债和所有者权益总计	

第三节　电子沙盘实战演练第三年

电子沙盘模拟运营第三年相关表格如表 6-11 至表 6-15 所示。

表 6-11　第三年经营记录表

时　间	具体事项	对应季度			
		1Q	2Q	3Q	4Q
年初	新年度规划会议				
	参加订货会 / 登记销售订单				
	制订新年度计划				
	支付应交税费				
	支付长期贷款利息				
	更新长期贷款 / 长期贷款还款				
	申请长期贷款				
日常	季初盘点（请填数量）				
	更新短期贷款 / 短期贷款还本付息				
	申请短期贷款				
	原材料入库 / 更新原料订单（付款）				
	下原料订单（不付款）				
	购买 / 租用厂房				
	更新生产 / 完工入库				
	新建 / 在建 / 转产 / 变卖生产线				
	紧急采购原料（随时进行）				
	开始下一批生产				
	更新应收账款 / 应收账款收现				
	按订单交货				
	产品研发投资				
	厂房买转租（卖出）/ 退租 / 租转买				
	支付管理费 / 更新厂房租金				
	出售库存				
	厂房贴现				
	应收账款贴现				
	季末数额对账				
年末	缴纳违约订单罚款				
	支付设备维护费				
	计提折旧				
	新市场 /ISO 资格认证				
	结账				

表 6-12　第三年现金预算表　　单位：万元

项　目	1Q	2Q	3Q	4Q
期初库存现金				
市场广告投入				
支付应交税费				
支付长期贷款利息				
支付短期贷款利息 / 到期短贷				
原材料采购支付现金				
购买 / 租用厂房支付现金				
生产线投资				
转产费用				
工人工资				
收到现金前的所有支出				
应收账款到期				
产品研发现金支出				
新市场开拓 /ISO 资格投资				
支付设备维护费				
计提折旧				
新市场 /ISO 资格认证				
其他				
库存现金余额				

表 6-13　第三年综合费用明细表　　单位：万元

项　目	金　额
管理费	
广告费	
设备维护费	
损失（其他）	
转产费	
厂房租金	
新市场开拓	
ISO 资格认证	
产品研发	
信息费	
合计	

表 6-14　第三年利润表　　单位：万元

项　目	金　额
销售收入	
－直接成本	
＝毛利	
－综合费用	
＝折旧前利润	
－折旧	
＝支付利息前利润	
－财务费用	
＝税前利润	
－所得税	
＝年度净利润	

表 6-15　第三年资产负债表　　单位：万元

现金			长期贷款	
应收账款			短期贷款	
在制品			应交所得税	
产成品			特别贷款	
原材料			应交税费金	
流动资产合计			负债合计	
土地和建筑			股东资本	
机器与设备			利润留存	
在建工程			年度净利	
固定资产合计			所有者权益合计	
资产总计			负债和所有者权益总计	

第四节　电子沙盘实战演练第四年

电子沙盘实战演练第四年相关表格如表 6-16 至表 6-20 所示。

表 6–16　第四年经营记录表

时　间	具体事项	对应季度			
		1Q	2Q	3Q	4Q
年初	新年度规划会议				
	参加订货会 / 登记销售订单				
	制订新年度计划				
	支付应交税费				
	支付长期贷款利息				
	更新长期贷款 / 长期贷款还款				
	申请长期贷款				
日常	季初盘点（请填数量）				
	更新短期贷款 / 短期贷款还本付息				
	申请短期贷款				
	原材料入库 / 更新原料订单（付款）				
	下原料订单（不付款）				
	购买 / 租用厂房				
	更新生产 / 完工入库				
	新建 / 在建 / 转产 / 变卖生产线				
	紧急采购原料（随时进行）				
	开始下一批生产				
	更新应收账款 / 应收账款收现				
	按订单交货				
	产品研发投资				
	厂房买转租（卖出）/ 退租 / 租转买				
	支付管理费 / 更新厂房租金				
	出售库存				
	厂房贴现				
	应收账款贴现				
	季末数额对账				
年末	缴纳违约订单罚款				
	支付设备维护费				
	计提折旧				
	新市场 /ISO 资格认证				
	结账				

表 6-17　第四年现金预算表　　单位：万元

项　目	1Q	2Q	3Q	4Q
期初库存现金				
市场广告投入				
支付应交税费				
支付长期贷款利息				
支付短期贷款利息 / 到期短贷				
原材料采购支付现金				
购买 / 租用厂房支付现金				
生产线投资				
转产费用				
工人工资				
收到现金前的所有支出				
应收账款到期				
产品研发现金支出				
新市场开拓 /ISO 资格投资				
支付设备维护费				
计提折旧				
新市场 /ISO 资格认证				
其他				
库存现金余额				

表 6-18　第四年综合费用明细表　　单位：万元

项　目	金　额
管理费	
广告费	
设备维护费	
损失（其他）	
转产费	
厂房租金	
新市场开拓	
ISO 资格认证	
产品研发	
信息费	
合计	

表 6-19　第四年利润表　　单位：万元

项　目	金　额
销售收入	
－直接成本	
＝毛利	
－综合费用	
＝折旧前利润	
－折旧	
＝支付利息前利润	
－财务费用	
＝税前利润	
－所得税	
＝年度净利润	

表 6-20　第四年资产负债表　　单位：万元

现金			长期贷款	
应收账款			短期贷款	
在制品			应交所得税	
产成品			特别贷款	
原材料			应交税费金	
流动资产合计			负债合计	
土地和建筑			股东资本	
机器与设备			利润留存	
在建工程			年度净利	
固定资产合计			所有者权益合计	
资产总计			负债和所有者权益总计	

第五节　电子沙盘实战演练第五年

电子沙盘实战演练第五年相关表格如表 6-21 至表 6-25 所示。

表 6-21　第五年经营记录表

时　间	具体事项	对应季度			
		1Q	2Q	3Q	4Q
年初	新年度规划会议				
	参加订货会 / 登记销售订单				
	制订新年度计划				
	支付应交税费				
	支付长期贷款利息				
	更新长期贷款 / 长期贷款还款				
	申请长期贷款				
日常	季初盘点（请填数量）				
	更新短期贷款 / 短期贷款还本付息				
	申请短期贷款				
	原材料入库 / 更新原料订单（付款）				
	下原料订单（不付款）				
	购买 / 租用厂房				
	更新生产 / 完工入库				
	新建 / 在建 / 转产 / 变卖生产线				
	紧急采购原料（随时进行）				
	开始下一批生产				
	更新应收账款 / 应收账款收现				
	按订单交货				
	产品研发投资				
	厂房买转租（卖出）/ 退租 / 租转买				
	支付管理费 / 更新厂房租金				
	出售库存				
	厂房贴现				
	应收账款贴现				
	季末数额对账				
年末	缴纳违约订单罚款				
	支付设备维护费				
	计提折旧				
	新市场 /ISO 资格认证				
	结账				

表 6-22　第五年现金预算表　　单位：万元

项　目	1Q	2Q	3Q	4Q
期初库存现金				
市场广告投入				
支付应交税费				
支付长期贷款利息				
支付短期贷款利息 / 到期短贷				
原材料采购支付现金				
购买 / 租用厂房支付现金				
生产线投资				
转产费用				
工人工资				
收到现金前的所有支出				
应收账款到期				
产品研发现金支出				
新市场开拓 /ISO 资格投资				
支付设备维护费				
计提折旧				
新市场 /ISO 资格认证				
其他				
库存现金余额				

表 6-23　第五年综合费用明细表　　单位：万元

项　目	金　额
管理费	
广告费	
设备维护费	
损失（其他）	
转产费	
厂房租金	
新市场开拓	
ISO 资格认证	
产品研发	
信息费	
合计	

表 6-24　第五年利润表　　单位：万元

项　目	金　额
销售收入	
－直接成本	
＝毛利	
－综合费用	
＝折旧前利润	
－折旧	
＝支付利息前利润	
－财务费用	
＝税前利润	
－所得税	
＝年度净利润	

表 6-25　第五年资产负债表　　单位：万元

现金			长期贷款	
应收账款			短期贷款	
在制品			应交所得税	
产成品			特别贷款	
原材料			应交税费金	
流动资产合计			负债合计	
土地和建筑			股东资本	
机器与设备			利润留存	
在建工程			年度净利	
固定资产合计			所有者权益合计	
资产总计			负债和所有者权益总计	

第六节　电子沙盘实战演练第六年

电子沙盘实战演练第六年相关表格如表 6-26 至表 6-30 所示。

表 6-26　第六年经营记录表

时　间	具体事项	对应季度			
		1Q	2Q	3Q	4Q
年初	新年度规划会议				
	参加订货会 / 登记销售订单				
	制订新年度计划				
	支付应交税费				
	支付长期贷款利息				
	更新长期贷款 / 长期贷款还款				
	申请长期贷款				
日常	季初盘点（请填数量）				
	更新短期贷款 / 短期贷款还本付息				
	申请短期贷款				
	原材料入库 / 更新原料订单（付款）				
	下原料订单（不付款）				
	购买 / 租用厂房				
	更新生产 / 完工入库				
	新建 / 在建 / 转产 / 变卖生产线				
	紧急采购原料（随时进行）				
	开始下一批生产				
	更新应收账款 / 应收账款收现				
	按订单交货				
	产品研发投资				
	厂房买转租（卖出）/ 退租 / 租转买				
	支付管理费 / 更新厂房租金				
	出售库存				
	厂房贴现				
	应收账款贴现				
	季末数额对账				
年末	缴纳违约订单罚款				
	支付设备维护费				
	计提折旧				
	新市场 /ISO 资格认证				
	结账				

表 6-27 第六年现金预算表 单位：万元

项 目	1Q	2Q	3Q	4Q
期初库存现金				
市场广告投入				
支付应交税费				
支付长期贷款利息				
支付短期贷款利息 / 到期短贷				
原材料采购支付现金				
购买 / 租用厂房支付现金				
生产线投资				
转产费用				
工人工资				
收到现金前的所有支出				
应收账款到期				
产品研发现金支出				
新市场开拓 /ISO 资格投资				
支付设备维护费				
计提折旧				
新市场 /ISO 资格认证				
其他				
库存现金余额				

表 6-28 第六年综合费用明细表 单位：万元

项 目	金 额
管理费	
广告费	
设备维护费	
损失（其他）	
转产费	
厂房租金	
新市场开拓	
ISO 资格认证	
产品研发	
信息费	
合计	

表 6-29　第六年利润表

单位：万元

项　目	金　额
销售收入	
－直接成本	
＝毛利	
－综合费用	
＝折旧前利润	
－折旧	
＝支付利息前利润	
－财务费用	
＝税前利润	
－所得税	
＝年度净利润	

表 6-30　第六年资产负债表

单位：万元

现金			长期贷款	
应收账款			短期贷款	
在制品			应交所得税	
产成品			特别贷款	
原材料			应交税费金	
流动资产合计			负债合计	
土地和建筑			股东资本	
机器与设备			利润留存	
在建工程			年度净利	
固定资产合计			所有者权益合计	
资产总计			负债和所有者权益总计	

第七章
ERP沙盘模拟运营战略规划

公司能否从优秀变为卓越与所在的行业是否处于潮流之中没有关系，因为技术及技术推动，实际上并不能激发从优秀到卓越的跨越，合并和并购在推动公司跨越的过程中也并不能起到任何作用。革命性的跨越并不一定需要革命性的进程，卓越不是外部环境作用的结果，在很大程度上，它是一种慎重决策的结果。

企业如果想要长久地经营下去，必须具备持续盈利的能力，那么企业所提供的产品和服务对于其目标客户必须有价值，获得顾客的青睐，进而实现企业的经营目标。企业通过战略规划和战略实施，使自身区别于竞争者，让自己的企业基业长青，进而实现从优秀到卓越的转变。

第一节　企业模拟运营过程中的战略选择

战略（Strategy）原意是“将兵术”或“将道”。中国古代常称战略为谋略、韬略、兵略。如果说战略是“将军”，那么战术就是“士兵”。战略是战术的指导，战术是战略的执行。古人云“将在外，君命有所不受”，从某种角度上就是强调要根据战略灵活地运用战术。

在沙盘模拟运营中，要想在经营几年后使权益及总体规模比竞争对手胜出一筹，必须在运营开始时就对公司的定位、市场预测、生产线的铺设、产品的选择等进行全面分析。战略分析的主要目的是评价影响企业目前和今后发展的关键因素，并确定在战略选择步骤中的具体影响因素。战略分析阶段明确“企业的目前状况”，而战略选择（战略制定）阶段所要回答的问题是“企业走向何处”。

在进行战略选择时一定要立足当下，把握全局，目光长远，避免和很多的管理者一样，即走的时候，不知道去哪儿；到的时候，不知道在哪儿；回来的时候，不知道去过哪儿。所以，凡事预则立，不预则废。

一、公司的定位策略

公司的定位要回答以下问题：公司的规模是大还是小？生产的产品是多品种还是少品种？市场开拓是全面市场还是区域市场？是努力成为领导者还是跟随者？

这里推荐以下四种定位方式：一是全部市场＋有限产品（重点在产品）；二是全部产品

+有限市场（重点在市场）；三是有限市场+有限产品（重点在于寻求毛利率高的市场产品组合）；四是全部市场+全部产品（仅推荐经营状况好的小组考虑）。

例如，某模拟公司拟采用“全部市场+有限产品”的策略，所以，第一年只在本地市场上投了2M广告费，销售了部分P1产品。在第二年，模拟公司仍然只生产P1产品，并用较低的广告费售出一部分P1产品。模拟公司第一时间开发了所有市场，却并没有开发新产品。第三年年初，模拟公司跳过P2产品、P3产品，直接开发了P4产品，并新建一条P1产品的全自动生产线，保留一条P1产品的半自动生产线。在第三年第四季度与P4产品的研发同步完成。从第四年开始，其独家生产P4产品，包揽了P4产品的市场。第五年，由于有4条全自动生产线全力生产P4产品，该模拟公司在本地、区域、国内和亚洲4个有P4产品需求的市场上，均以3M广告费实现了重复选单，该模拟公司的P4产品席卷了4个市场，并进行了P1产品向国际市场的转移。由于其P1产品的储备和仍保留的产能，在国际市场实现了P1产品的多次选单，抢占了国际市场的老大地位。第六年，由于国际市场P1的利润很高，其余各市场P4的利润也很可观，该模拟公司的权益大幅攀升。最终该模拟公司用3年的时间实现了大逆转。

二、公司的市场定位策略

对于市场不要盲目跟风，要根据企业自身发展的动态来决定自己的市场倾向。并不是高利润的市场就好，因为谁都想分一杯羹，最好先考虑竞争不激烈的市场。

在资源有限的条件下，很多时候放弃比不计代价地掠夺更明智。此时，企业不可能做到全面开花，因此要选取重点市场和重点产品。例如，A公司第一年夺得本地市场老大的地位，早早地确定了主战场，不断地扩大产能，此后跳过区域市场，开发国内市场和亚洲市场，实现了产能与市场之间的平衡，持续稳健发展。又如，B公司第一年以5M的平均广告费获得了平均销量，第二年研发了P2产品，投资了2条P2全自动生产线，并开发了全部市场。第三年开发了P3产品，新建了2条P3全自动生产线。第四年大规模销售P2产品、P3产品，然而由于各公司均大量生产P2产品、P3产品，市场趋于饱和，竞争激烈，B公司又开发了新产品P4。从第五年开始销售P4产品，同时放弃一些利润率低的产品市场。

（一）市场老大——让人欢喜让人忧

首先，将市场老大所带来的优势做一个时间假设，其真正价值在于前四年的市场选单。假如把第二年的市场老大的效应算到第四年的市场选单，就意味着第一年投入抢老大地位的广告费为19M，后面每年投入的广告费分别为2M、3M，3年来在这个市场共投入了24M广告费，平均每年8M。那么，如果将8M广告费分散投放在不同的产品市场，获得的收益是否会多于争夺市场老大呢?

市场老大是一把双刃剑，用得好，威力无穷；用得不好，“赔了夫人又折兵”。因此，到底要不要抢市场老大的地位，要以投入多少广告费，以什么样的产品组合争夺市场老大等，都是经过严密计算的。

（二）该投多少广告费

1. 分析市场供求状况

通过市场总需求量与不同时期全部队伍的产能相比较，分析该产品是“供大于求”还是“供不应求”。通过分析，可以大致看出各个市场竞争的激烈程度，有助于广告费投放的确定。另外，还可以将这些需求量除以参赛的队数，得到一个平均值。那么在投广告时，如果计划今年出售的产品数量大于平均值，可能需要投入更多的广告费去抢别人手里的份额；反之，如果计划出售的产品数量小于平均值，广告费相对来说可以少投入一些。

2. 吃透并利用规则

若在同一产品上有多家企业的广告投入相同，则按该市场上全部产品的广告投入量决定选单顺序；若市场的广告投入量也相同，则按上年该市场销售额的排名决定选单顺序。在某市场整体广告费偏高，或者上一季度销售额相对较高的情况下，可以适当优化部分产品的广告费用，从而实现整体最佳效果。所以，在抢市场老大地位的时候，不能只依赖追加广告费，更要考虑合理的产品组合。

3. 注意广告费的奇偶数问题

因为投 1M 广告费可以选一次单，投 3M 广告费可以选两次单，依此类推（前提是还有订单没选完），很多小组会考虑投奇数的广告费，这样就会出现“撞车”的现象，一旦因此推后选单，实在可惜。所以在投放广告费时想要先选单，投偶数的广告费不失为一个好办法。

4. 关于 ISO 认证投放问题

在物理沙盘模拟运营时，ISO 认证有 ISO 9000 和 ISO 14000 两种，企业必须具备相应认证方可获得有相应认证要求的订单，拥有认证就能抢占先机。但在选单时必须在每个市场上另外投放 1M 的广告费，同时必须结合自身企业的产品确定在第几年投放。一般来说，第三年市场上往往会出现带 ISO 9000 标志的订单，所以在第一年可以开发认证。另外，若发现竞争对手没有取得 ISO 9000 认证资格，在选单时可以优先选择普通的订单，然后选择需要资格认证的订单，以获取更多订单。

三、公司的原材料采购定位策略

原材料的计算及采购计划排程，是 MRP 的核心内容，也是影响企业资金周转率的重要因素。减少库存是企业节流的一项重要举措。

（一）“零库存”管理

“零库存”管理作为产生于日本的先进管理方式，在日本企业中广泛应用。截至 1989 年，“零库存”管理方式在日本制造业已经被广泛应用。日本丰田汽车公司是“零库存”管理的最大受益者，也是最好的证明。“零库存”是一种特殊的库存概念，“零库存”并不是不要储备和没有设备，而是指物料（包括原材料、半成品和产成品）在采购、生产、销售、配送等一个或几个经营环节中，不以仓库存储的形式存在，而均处于长期周转的状态。这里以原材料采购为例，在沙盘模拟运营中，产品的物料清单（BOM）是确定不变的，且原材料采购的时间周期也是确定的，因此可以通过明确的生产计划准确地计算出所需原材料的种类和数量，以及相应的采购时间。例如，P2 产品的原材料由 R2+R3 构成，那么假设需要在第四季度交 1 个 P2 产品，如果是自动线，就意味着第三季度必须上线开始生产，这个时候需要 R2 和 R3 原材料都到库。由于 R2 原材料需要提前 1 个季度采购，R3 原材料需要提前 2 个季度采购，因此需要在第一季度下 1 个 R3 原材料订单，在第二季度下 1 个 R2 原材料订单，以保证第四季度 P2 产品生产下线，准时交货。

（二）“百变库存”管理

“零库存”管理是基于将来产品产出不变的情况而做出的安排，实际上在沙盘比赛中，经常利用柔性线转产来调整已有的生产计划，因此追求绝对的“零库存”就会产生一个问题：不能根据市场选单情况及时、灵活地调整生产安排。因此，在有柔性线的情况下，原材料采购计划应该充分考虑各种可能出现的情况，取方案中出现的原材料数额的最大值。

例如，有一条柔性生产线，在第二年第一季度有可能需要上线生产 P2 产品，也有可能上线生产 P3 产品。P2 产品由 R2+R3 构成，P3 产品由 R1+R3+R4 构成。在这种生产安排不确定的情况下，通过分析可以发现，要在第二年第一季度实现任意产品的转换，需要在第一季度保证 Rl、R2、R3、R4 四种原材料都有一个。

要充分发挥出柔性生产线的转产价值，就必须做好原材料的灵活采购计划，将原材料的订购、库存与市场的订单、自身的产能进行有效的匹配。

（三）紧急采购

紧急采购虽然在成本上要多付出一些，但有时可以产生意想不到的效果。例如，选单时如果出现产能不够的情况，可以利用紧急采购来补充这部分的产品差额，同时还可以扩大在市场上的销售额，从而帮助企业抢到市场老大的地位。需要注意的是，用紧急采购来交货并不是完全没有副作用的，这相当于把现金变成应收账款，因此，在使用紧急采购时要做好预算，确认现金流量是否可以支撑。

四、公司的生产定位策略

（一）生产线的性价比——用数据说话

在一般规则中，手工线生产一个产品需要三个生产周期，半自动线需要两个生产周期，全自动线和柔性线需要一个生产周期。由此可以得出三条手工线的产能、价格和折旧与一条自动线相同，但三条手工线多了 2M 的维修费，还多占了两个位置，租金是自动线的三倍；两条半自动线的产能等于一条自动线，但是价格、折旧和维修费都比自动线多出 1M，且多分摊一个位置的租金；从性价比的角度出发，自动线是性价比最高的。如果同一条生产线需要转产两次或两次以上，柔性线是最划算的。当小组计划多次转产时，需要灵活调整交单的顺序和时间，最大限度地避免贴现。但是，多条柔性线会给小组的广告费投放带来困扰，投入太多怕浪费，因为自身灵活性高；投入太少怕拿不到订单，导致生产线闲置。

（二）产品研发投资和生产线新建

产品是按季度投资研发的，生产线也是按季度投资建设的，最理想的状态是产品研发刚完成，生产线也刚好可以使用，生产线的投资可以最大限度地发挥作用。很多小组第一年第一季度投资建设自动线，第四季度建成，一个产品都没生产出来，却产生一年的折旧费和维修费。这一点请着重考虑，因为前期每一笔开支都很珍贵。当生产线仅剩一次折旧的时候，可以考虑进行变卖，节省 1M 的维修费。

例如，P1 产品资格不从第一季度开始研发，因为即使在第三季度研发成功，根据生产线的投资规划，也没有生产线可以生产。同样，P3 生产线跨年度建设，刚好配合 P3 产品的研发，如果生产线提前建设好，而 P3 产品并没有研发成功，就只能停工，且会造成第一年的资金压力。

（三）按订单交货

例如，已经获得了两张订单：其中一张订单为四个 P1，总额为 20M，账期为 3Q；另一张订单为三个 P1，总额为 15M，账期为 2Q。假设有两条自动线，第二季度生产出四个 P1 可以用于交货，而通过预算发现，第四季度的研发费和下一年的广告费不足，可能会导致资金断流。这个时候，如果交四个 P1 的单，第四季度贷款还是 1Q 账期的应收账款，必须贴现满足现金要求。但是，如果交三个 P1 的单，第四季度就可以将 15M 的应收账款收回，填补现金缺口。

五、公司的融资策略

融资策略，不仅直接关系到企业的财务费用，更重要的是直接影响企业的现金流。现金流是企业生存的命脉，企业失去现金流意味着企业就要破产。

融资方式有很多，有长期贷款、短期贷款、应收账款贴现、出售厂房及高利贷。每种融资方式各有优缺点，故需要多种融资手段进行最佳组合，根据企业的发展规划，做好融资计划，以保证企业的正常运转。

长期贷款、短期贷款是公司的主要融资手段。长期贷款的费用成本高于短期贷款，但还款压力较小；短期贷款的利息成本较低，但短期的还款压力较大，尤其是在前期，公司的权益可能下降较大，影响公司的贷款能力。因此，需要对企业的经营战略、运营状况做长期的、细致的分析，正确把握贷款时机并合理确定长期贷款、短期贷款之间的比例关系，在满足现金需求的情况下，使总的费用成本最低。另外，一般来说，长期贷款用于长期投资，如新建厂房和生产线、市场产品的研发投资等；短期贷款用于短期周转，如原材料采购、产品加工费用等。因此，要灵活有效地使用长期贷款、短期贷款相结合的融资策略。

现金贴现是将未到期的应收账款按一定比例贴付利息费用后兑换成现金的融资方式。操作时需要考虑贴现的必要性和时机性，并不是只有在企业的现金流出现问题时才可运用，应当预见企业在何时会出现现金困难、缺口是多少，再仔细分析应收账款账期、金额，找出最优的贴现方案，既解决现金不足的问题，又使应收账款合理收回，并努力使贴现费用最小化。在沙盘模拟运营中，也要注意贴现对权益的影响。

高利贷是物理沙盘模拟运营中成本最高的一种融资方式，对公司的权益影响较大，会使公司的财务状况进一步恶化，因此不提倡使用。只有在迫不得已的情况下，才考虑此种融资方式。

另外，需要控制权益尾数，以保证融资额度达到最大化。某企业上年权益为 42M，若长期贷款额度为上年权益的 2 倍，本企业最多可以贷长期贷款 80M；若企业上年权益为 39M，则只能贷款 60M，这样就少贷了 20M。

六、关于所得税的计算及如何合理避税的策略分析

所得税在 ERP 沙盘中是一个综合概念，大概可以理解为模拟企业经营的盈利部分所要缴纳的税费。缴税需满足以下条件：

1）经营当年盈利（税前利润为正）。

2）连续弥补了前面至多 5 年亏损后，仍盈利。

（一）所得税的计算

所得税以利润表为计算依据，下面以实例说明。

【例 7-1】A 模拟公司的所得税计算如表 7-1 所示，该模拟公司的所得税是如何计算的？

表 7-1　A 模拟公司的所得税计算

单位：M

年　度	第一年	第二年	第三年	第四年	第五年	第六年
税前利润	− 10	50	− 20	− 30	40	130
所得税	0	10	0	0	0	30
年度净利润	− 10	40	− 20	− 30	40	100

分析：第一年亏损，不交；第二年盈利 50M，弥补了第一年亏损后盈利 40M，所得税税率为 25%，则所得税税款为 10M。第三年和第四年亏损，第五年盈利，但不足以弥补第三年和第四年的亏损，故不缴税。此处要注意，第一年虽然亏损，但在第二年已经弥补，所以第五年不需要再次弥补第一年亏损。第六年盈利，需要与未缴税的第三、第四、第五年累计计算应税利润，为（−20M）+（−30M）+40M+130M=120M，故应缴所得税为 30M。

总之，从当年开始，与前面连续无所得税年份（最多 5 年）的税前利润累加，得到应税利润，若大于零，则应缴所得税。

系统中只取整数，对小数如何处理呢？下面以两个例子说明。

【例 7-2】B 模拟公司的所得税计算如表 7-2 所示，该模拟公司是如何计算所得税的？

表 7-2　B 模拟公司的所得税计算　　单位：M

年　度	第一年	第二年	第三年	第四年
税前利润	－160	50	111	5
所得税	0	0	0	2
年度净利润	－160	50	111	3

分析：如表 7-2 所示，第三年累计税前利润为 1M，应税利润为 1M，所得税税率为 25%，四舍五入，当年不缴。由于当年 1M 应税利润要累计到下年，第四年税前利润为 5M，应税利润为 6M，四舍五入，应缴所得税为 2M。

【例 7-3】C 模拟公司的所得税计算如表 7-3 所示，该模拟公司的所得税计算与上例 B 模拟公司有何不同？

表 7-3　C 模拟公司的所得税计算　　单位：M

年　度	第一年	第二年	第三年	第四年
税前利润	－160	50	115	5
所得税	0	0	1	1
年度净利润	－160	50	114	4

分析：如表 7-3 所示，第三年累计税前利润为 5M，应税利润为 5M，所得税为 1.25M，四舍五入为 1M，由于第三年缴了税，因此当年的 1M 未缴税利润不用累计到下年，第四年税前利润为 5M，应税利润为 5M，所得税为 1M。

（二）合理避税

在清楚应缴税如何计算后，自然就会想利用“应缴税向下取整”这一优惠政策，进行合理避税。当预算发现当年应缴利润是 4M 的倍数时，可以在当年进行一次贴现操作，主动增加 1M 的贴息，从而使应税利润减少 1M，在本年避税 1M。这样的效果相当于将 1M 的税费变成了 1M 的财务费用，对最终权益不会有影响，但是通过贴现把应收账款变成了现金，增加了资金的流动性，保证了资金的充裕。应该注意的是，如果企业当年没有缴税，3M 的应税利润会滚动到下一年，跟下一年的税前利润相加后扣税。

第二节　沙盘模拟的典型策略类型

一、力压群雄——霸王策略

策略介绍：在一开始即大举贷款，用所筹到的资金扩大产能，同时以高额广告投入策略夺取本市场老大地位，逐步开发，实现由 P1 向 P2、P3 等主流产品的过渡，始终保持主流产品和综合销售额第一。

运作要点：一是资本运作，有效使用长贷、短贷融资；二是精确地预测产能和生产成本，有效地预估市场产品需求和订单结构。

评述：采取霸王策略的团队，需要有惊人的魄力，胆大心细。隐患是当现金或广告在某环节出现问题时，会陷入十分艰难的处境，风险很高。

二、忍辱负重——越王策略

策略介绍：采取该策略者由于前期广告运作失误，订单过少、产品大量积压、权益大幅下降，处于劣势地位。这时不能只考虑大额投入广告费，更要考虑利用“巧劲”，靠合理的产品组合“偷”来市场老大地位。

运作要点：关键在于后期广告的运作和现金的测算，要采取精确的广告策略，所以一定要仔细分析对手的情况，找出其薄弱环节。

评述：这种策略是逆境翻身型的策略，在前期碰壁的情况下先保证生存，再寻求胜利。

第八章
仿真企业经营绩效评价与分析

企业评价是揭示企业内在价值和提供创造价值途径的行为，有明显的导向性。几年经营下来，各队伍一定都很关注各个企业的业绩。本章分别从市场视角、财务视角和企业综合视角三个方面对企业经营绩效进行分析和评价。

第一节　市场视角分析

竞争是市场经济体制下经济运行的基本格局，企业要想求得生存与发展，就必须适应竞争环境。在日益激烈的市场竞争中，超越竞争对手、赢得顾客和市场，是企业必须面对的问题。因此，针对市场做出正确的分析与判断、制定正确的营销策略，是保证企业经营目标实现的关键。

一、市场信息的获得

市场信息是强化和改变企业发展战略的重要基础。谁掌握市场信息，谁就能在激烈的两场竞争中处于主动地位，谁就能赢得时间、市场和利润。

二、市场分析

市场分析在企业的经营发展过程中具有重要的作用，在模拟竞争中主要体现在以下两方面。

（一）资料分析

在“企业资源计划”课程中，市场预测是各企业能够得到的关于产品市场需求预测的唯一可以参考的有价值的信息，与市场预测的分析与企业的营销方案策划息息相关。在市场预测中，有近几年关于行业产品市场的预测资料，主要包括各市场、各产品的总需求量、价格情况等。

（二）竞争者分析

营销总监会通过实地调查或其他途径了解同行业竞争对手的情况。例如，竞争对手研发了哪些产品，开拓了哪些市场，生产能力如何，资本结构如何，等等。这些信息可以通过“间课”来获得，或者是在每年经营活动结束时公开的财务报表中获得。对竞争对手进行分析，有利于企业合理利用资源，开展竞争与合作。

三、目标市场的营销策略

（一）营销策略的内容

企业的目标市场营销包括三个步骤：市场细分、目标市场选择、市场定位。市场细分的实质是顾客分类，它是企业实施目标市场营销的前提；目标市场是企业拟为之提供产品和服务的顾客群，企业可以在无差异性营销策略、差异性营销策略、集中性营销策略这 3 种目标市场策略中选择一种；市场定位的实质是通过强化或放大企业及其产品的某个（些）有意义的因素，使之形成与众不同的特定形象，它是企业实施目标市场营销的最后一个步骤。在竞争模拟中已经对市场做了细分，各企业应在目标市场选择、营销策略制定上下功夫。

（二）产品生命周期中的营销策略

产品生命周期分为导入期、成长期、成熟期、衰退期。企业在制定某项产品的营销策略时，需要认真分析该产品所处的生命周期，并依据产品所在阶段的特点，制定与各阶段特点相适应的营销策略。

1. 导入期的营销策略

导入期的特点是，顾客对产品不熟悉，企业开拓市场的费用较高。因此，产品营销的重点关注对象，应是购买意愿最为强烈的消费者。导入期的营销策略主要有四种，即快速撇脂策略（高价高促销策略）、缓慢撇脂策略（高价低促销策略）、快速渗透策略（低价高促销策略）、缓慢渗透策略（低价低促销策略）。

2. 成长期的营销策略

成长期的特点是，产品经过导入期的市场开拓，消费者已熟知其特点，重复购买数量增加，吸引了更多顾客进行购买；产品销售量和利润增长，吸引了新的竞争者，导致市场进一步细分，产品的功能和特色多样化，营销渠道进一步拓宽。

针对这些特点，企业采用的营销策略有：一是提高质量，增加特色，提高竞争力；二是进入新的细分市场；三是扩大营销网点，开辟新的分销渠道；四是改变广告宣传目标，由建立产品形象转移到争取消费者购买；五是对价格较为敏感的消费者以低价销售。

3. 成熟期的营销策略

成熟期的特点是行业生产能力过剩，竞争者往往采用价格战巩固其市场地位。企业在这一阶段采取的营销策略有市场改进、产品改进和营销组合改进。

4. 衰退期的营销策略

衰退期企业可以采用以下五种营销策略：

1）增加对该类产品的投资数量，使自身处于有利的竞争地位。

2）在行业存在不确定因素时，企业维持现有的投资水平。

3）企业有选择地降低该类产品的投资，加大对有顾客需求的产品的投资。

4）从该类产品中尽可能多地获取利润，以便快速回收投资。

5）用有利的方式处理与该类产品相关的资产，迅速放弃该类产品的经营业务。

四、广告分析

（一）广告决策

广告决策是促销决策的重要组成部分，必须与企业的整体促销策划相配合。广告决策主要包含以下内容：

1. 确定广告目标

企业的广告目标可分为三种类型：通知型广告目标（主要用于新产品的市场导入期）；说服型广告目标（主要用于产品的成长期，尤其是存在竞争性产品时）；提醒型广告目标（主要用于产品的成熟期）。

2. 编制广告预算

广告预算是指企业在一定时期内（通常是一年）投入广告活动的费用计划。影响广告预算的因素有产品的生命周期、市场份额大小、竞争状况、行业特点。

3. 设计广告策略

设计广告策略即进行广告创意决策，它必须以广告目标决策为核心，解决“说什么”和“怎么说”的问题。具体工作步骤是：确定广告主题；确定广告的表现形式。

4. 选择广告媒体

广告媒体是指在广告主体与广告对象之间起信息传递作用的物质或工具。广告媒体的种类有很多，其中，报纸、杂志、广播、电视、互联网等是常见的大众广告媒体。

5. 广告效果评估

广告效果是指广告通过媒体传播后所产生的影响，具体表现在沟通效果和销售效果两个方面。

（二）广告效益分析

广告投入产出比是评价广告投入收益率的指标，其计算公式为：

$$广告投入产出比 = 订单销售额 / 广告投入$$

广告投入产出比用来比较各企业在广告投入上的差异。这个指标告诉经营者本公司与竞争对手在广告投入策略上的差距，以警示营销总监深入分析市场和竞争对手，寻求节约成本、以策略取胜的突破口。

五、市场占有率分析

（一）进行市场占有率分析的原因

通常，企业的销售绩效并未反映出相对于其竞争企业的经营状况。企业销售额增加，可能是由于企业所处的整个经济环境的发展，也可能是因为其市场营销工作做得比竞争者更好。市场占有率正是剔除了一般的环境影响来考察企业本身的经营工作状况。企业的市场占有率升高，表明它较其他竞争者的情况更好；如果下降，则说明相对于竞争者其绩效较差。

（二）如何定义市场占有率

1. 全部市场占有率

全部市场占有率以企业的销售额占本行业销售额的百分比来表示。

使用这种测量方法必须做两项决策：一是确定是以单位销售量还是以销售额来表示市场占有率；二是正确认定行业的范围，即明确本行业所应包括的产品、市场等。

2. 可达市场占有率

可达市场占有率以其销售额占企业所服务市场的百分比来表示。

所谓可达市场就是企业产品最适合的市场，以及企业市场营销力所能及的市场。

企业可能有近 100% 的可达市场占有率，却只有相对较小百分比的全部市场占有率。

（1）相对市场占有率（相对于三个最大竞争者）

相对市场占有率（相对于三个最大竞争者）以企业销售额对最大的三个竞争者的销售额总和的百分比来表示。

如某企业有 30% 的市场占有率，其最大的三个竞争者的市场占有率分别为 20%、10%、10%，则该企业的相对市场占有率是 30% /（20%+10%+10%）=75%。一般情况下，相对市场占有率高于 33% 即被认为是强势的。

（2）相对市场占有率（相对于市场领导竞争者）

相对市场占有率（相对于市场领导竞争者）以企业销售额相对于市场领导竞争者的销售额的百分比来表示。相对市场占有率超过 100%，表明该企业是市场领导者；相对市场占有率等于 100%，表明企业与市场领导竞争者同为市场领导者。相对市场占有率的增加表明企业正接近市场领导竞争者。

（三）市场占有率分析

了解市场占有率之后，尚需正确解释市场占有率变动的原因。市场占有率指标可以按销售数量统计，也可以按销售收入统计，这两个指标综合评定了企业在市场中销售产品的能力和获取利润的能力。可以在两个方向上展开分析，一是横向分析，二是纵向分析。横向分析是对同一期间各企业市场占有率的数据进行对比，用以确定某企业在本年度的市场地位。纵向分析是对同一企业不同年度市场占有率的数据进行对比，由此看出企业历年来市场占有率的变化，这从侧面反映了企业成长的历程。

1. 综合市场占有率分析

综合市场占有率是指某企业在某个市场上全部产品的销售收入（数量）与该市场全部企业全部产品的销售收入（数量）之比。其计算公式为：

某市场某企业的综合市场占有率 = 该企业在该市场上全部产品的销售收入（数量）÷全部企业在该市场上各类产品总销售收入（数量）×100%。

2. 产品市场占有率分析

了解企业在各个市场的占有率仅仅是第一步，进一步确定企业生产的各类产品在各个市场的占有率，对于企业分析市场、确定竞争优势才是必要的。其计算公式为：

某产品的市场占有率 = 该企业在该市场上销售该产品的总收入（数量）÷ 市场上该类产品总销售收入（数量）×100%。

第二节　财务视角分析

不同企业经营成果的差异是由决策引起的，而决策需要以准确、集成的数据为支撑。财务部门是企业全局信息的集合地，是数据的主要提供者。财务部门提供的分析数据可以作为各种决策的依据，指导企业开展各项业务。

一、企业财务能力分析

企业的财务能力主要包括偿债能力、盈利能力、营运能力和发展能力。对企业财务状况进行分析，离不开对这四个方面的分析。

（一）偿债能力分析

偿债能力是指企业偿还自身到期债务的能力。偿债能力是衡量企业财务状况的重要指标。分析偿债能力，有利于债权人做出正确的借贷决策，有利于企业经营管理者做出正确的经营决策，有利于投资者做出正确的投资决策。债务一般按到期时间分为短期债务和长期债务，偿债能力分析也因此分为短期偿债能力分析和长期偿债能力分析。

1. 短期偿债能力分析

短期偿债能力是指企业偿还流动负债的能力。一般来说，流动负债需要以流动资产来偿付，因而可以反映企业流动资产的变现能力。评价企业短期偿债能力的财务指标主要有营运资金、流动比率、速动比率和现金比率等。

（1）营运资金

营运资金是指流动资产超过流动负债的部分。其计算公式为：

营运资金 = 流动资产 − 流动负债

计算营运资金使用的流动资产和流动负债，通常可以直接取自资产负债表。资产负债表项目分为流动项目和非流动项目，并且按照流动性强弱排序，方便了计算营运资金和分析流动性。营运资金越多，则偿债越有保障。当流动资产大于流动负债时，营运资金为正，说明企业财务状况稳定，不能偿债的风险较小；反之，当流动资产小于流动负债时，营运资金为负，此时，企业部分非流动资产以流动负债为资金来源，企业不能偿债的风险很大。因此，企业必须保持正的营运资金，以避免流动负债的偿付风险。

营运资金是绝对数，不便于不同企业之间的比较。因此，在实务中直接使用营运资金作为偿债能力的衡量指标会受到很多局限，偿债能力更多地通过债务的存量比率来评价。

（2）流动比率

流动比率是企业流动资产与流动负债的比值。企业能否偿还流动负债，要看其有多少流动资产，以及有多少可以变现的流动资产。流动资产越多，流动负债越少，则企业的短期偿债能力越强。也就是说，流动比率是指每 1 元的流动负债有多少的流动资产作为偿还的保证。其计算公式为：

$$流动比率 = 流动资产 \div 流动负债 \times 100\%$$

式中，流动资产一般是指资产负债表中的期末流动资产总额；流动负债一般是指资产负债表中的期末流动负债总额。

一般情况下，流动比率越高，企业的短期偿债能力越强。国际上通常认为，流动比率的警戒线为 1，而流动比率等于 2 时较为适当，过高或过低的流动比率均不好。流动比率过高，表明企业流动资产未能有效加以利用，会影响资金的使用效率和筹集资金的成本，进而影响企业的获利能力；流动比率过低，表明企业短期偿债能力较弱，对企业经营不利。

（3）速动比率

速动比率是指企业的速动资产与流动负债的比值。它是用来衡量企业速动资产可以立即变现偿付流动负债的能力。速动资产是指从流动资产中扣除变现能力较差且不稳定的存货、预付账款、一年内到期的非流动资产等之后的余额。其计算公式为：

$$速动比率 = 速动资产 \div 流动负债 \times 100\%$$

$$\begin{aligned}速动资产 &= 货币资金 + 交易性金融资产 + 应收账款 + 应收票据\\ &= 流动资产 - 存货 - 预付账款 - 一年内到期的非流动资产\end{aligned}$$

由于剔除了变现能力较差的存货、预付账款、一年内到期的非流动资产等项目，速动比率反映的短期偿债能力更加可信，比流动比率更加准确。一般情况下，速动比率越高，表明企业偿还流动负债的能力越强。国际上通常认为，速动比率等于 1 较为适当。

（4）现金比率

现金资产包括货币资金和交易性金融资产等。现金资产与流动负债的比值称为现金比率。其计算公式为：

$$现金比率 = 现金资产 \div 流动负债 \times 100\%$$

$$现金资产 = 货币资金 + 交易性金融资产$$

现金比率剔除了应收账款对偿债能力的影响，最能反映企业直接偿付流动负债的能力，表明每 1 元流动负债有多少现金资产作为偿债保障。由于流动负债是在一年内（或一个营业周期内）陆续到期清偿，所以并不需要企业时时保留相当于流动负债金额的现金资产。国际上通常认为，现金比率保持在 0.2 比较合适。这一比率过高，意味着企业过多资源用在盈利能力较低的现金资产上，从而影响了企业盈利能力。

在现实中，企业对流动比率、速动比率、现金比率的分析应结合行业的特点综合考虑，切不可采用统一的标准。

2. 长期偿债能力分析

长期偿债能力是指企业偿还长期负债的能力。企业要结合长期负债的特点，在明确长期偿债能力影响因素的基础上，从企业的盈利能力和资产规模两个方面对企业偿还长期负债的能力进行计算与分析，说明企业长期偿债能力的基本状况及其变动原因，为进行正确的负债经营指明方向。评价企业长期偿债能力的财务指标主要有资产负债率、产权比率、权益乘数和已获利息倍数。

（1）资产负债率

资产负债率是负债总额占资产总额的百分比。它反映企业资产总额中有多大比例是通过借债来筹集的，以及企业保护债权人利益的程度。其计算公式为：

$$资产负债率 = 负债总额 \div 资产总额 \times 100\%$$

一般情况下，资产负债率越低，表明企业长期偿债能力越强。国内的观点认为资产负债率不应高于 50%，而国际上通常认为资产负债率等于 60% 较为适当。在现实中，企业的资产负债率往往高于 60%。

资产负债率越高，表明企业偿还债务的能力越弱，风险较大；反之，企业偿还债务的能力越强，风险较小。对于债权人来说，资产负债率越低越好，因为这表明企业偿债有保障，贷款不会有太大风险。对于股东来说，其关心的主要是投资收益，在资本利润率高于借款利息率时，资产负债率越高越好；否则，资产负债率越低越好。

由于企业的长期偿债能力受盈利能力的影响很大，所以实践中通常把长期偿债能力分析与盈利能力分析结合起来。

（2）产权比率

产权比率又称负债股权比率，是负债总额占所有者权益总额的百分比。它表明债权人提供的资金与所有者提供的资金的比例，以及单位投资者承担风险的程度。其计算公式为：

$$产权比率 = 负债总额 \div 所有者权益总额 \times 100\%$$

产权比率与资产负债率对评价偿债能力的作用基本相同。两者的主要区别是，资产负债率侧重于分析债务偿付安全性的物质保障程度，产权比率则侧重于揭示财务结构的稳健程度以及自有资金对偿债风险的承受能力。高产权比率意味着高风险的财务结构。

（3）权益乘数

权益乘数是资产总额与所有者权益总额的比值。权益乘数可以反映企业财务杠杆作用的大小。权益乘数越大，表明股东投入的资本在资产中所占的比重越小，财务杠杆作用越大。

其计算公式为：

$$权益乘数 = 资产总额 \div 所有者权益总额$$

（4）已获利息倍数

已获利息倍数又称利息保障倍数，是指企业息税前利润总额与利息费用的比值。它可用于衡量单位偿付借款利息的能力。其计算公式为：

$$已获利息倍数 = 息税前利润总额 \div 利息费用$$

$$息税前利润总额 = 净利润 + 利息费用 + 所得税 = 利润总额 + 利息费用$$

式中，息税前利润总额是指利润表中扣除利息费用和所得税前的利润；利息费用是指本期发生的全部应付利息，不仅包括财务费用中的利息费用，还应包括计入固定资产成本的资本化利息。资本化利息虽然不在利润表中扣除，但仍然是要偿还的。已获利息倍数主要衡量企业支付利息的能力，没有足够多的息税前利润，利息的支付就会发生困难。

已获利息倍数反映支付利息的利润来源（息税前利润总额）与利息支出之间的关系，该值越大，长期偿债能力越强。从长期看，已获利息倍数至少要大于 1（国际公认标准为 3），也就是说，息税前利润总额至少要大于利息费用，企业才具有偿还债务利息的可能性。如果已获利息倍数过小，企业将面临亏损、偿债的安全性与稳定性下降的风险。在短期内，已获利息倍数小于 1 仍然具有利息支付能力，因为计算息税前利润总额时减去的一些折旧和摊销费用并不需要支付现金。但这种支付能力是暂时的，当企业需要重置资产时，势必发生支付困难。因此，在分析时需要比较企业连续多个会计年度（如 5 年）的已获利息倍数，以说明企业付息能力的稳定性。

（二）盈利能力分析

企业盈利不仅关系所有者的利益，还关系债权人及其他利益相关者的利益。盈利能力是指企业在一定时期内获取利润的能力。反映企业盈利能力的指标有很多，常用的指标有销售毛利率、销售净利率、成本费用利润率、盈余现金保障倍数、总资产净利率、净资产收益率等。

1. 销售毛利率

销售毛利率又称毛利率，是企业毛利额占销售收入的百分比。其中，毛利额是销售收入与销售成本之差。其计算公式为：

$$销售毛利率 = 毛利额 \div 销售收入 \times 100\%$$

$$毛利额 = 销售收入 - 销售成本$$

销售毛利率表示每 1 元销售收入扣除销售成本后，有多少资金可用于各项期间费用和形成盈利。毛利额是基础，如果没有足够大的毛利额，企业就不可能盈利。

2. 销售净利率

销售净利率是企业净利润占销售收入净额的百分比。其计算公式为：

$$销售净利率 = 净利润 \div 销售收入净额 \times 100\%$$

该指标反映的是每 1 元销售收入净额带来的净利润。销售净利率越高，表明企业主营业务的市场竞争能力越强，发展潜力越大，盈利能力越强。

3. 成本费用利润率

成本费用利润率是企业一定时期的利润总额占成本费用总额的百分比。其计算公式为：

成本费用利润率 = 利润总额 ÷ 成本费用总额 ×100%

成本费用总额 = 销售成本 + 营业费用 + 管理费用 + 财务费用

该指标值越大，表明企业为取得利润而付出的代价越小，成本费用控制得越好，盈利能力越强。

4. 盈余现金保障倍数

盈余现金保障倍数是企业一定时期的经营现金净流量与净利润的比值。其计算公式为：

盈余现金保障倍数 = 经营现金净流量 ÷ 净利润

通常来说，当企业当期净利润大于 0 时，盈余现金保障倍数应当大于 1。该指标值越大，表明企业经营活动产生的净利润对现金的贡献越大，企业的利润质量越高。

5. 总资产净利率

总资产净利率又称总资产收益率，是企业一定时期的净利润占资产平均总额的百分比。总资产净利率可以用来衡量企业运用全部资产获利的能力，反映企业投入与产出的关系。其计算公式为：

总资产净利率 = 净利润 ÷ 资产平均总额 ×100%

资产平均总额 =（年末资产总额 + 年初资产总额）÷ 2

6. 净资产收益率

净资产收益率又称所有者权益报酬率，是企业一定时期的净利润占平均净资产总额的百分比。净资产收益率可以反映资本经营的盈利能力。净资产收益率越高，企业的盈利能力越强。其计算公式为：

净资产收益率 = 净利润 ÷ 平均净资产总额 ×100%

平均净资产总额 =（年末净资产总额 + 年初净资产总额）÷ 2

净资产收益率反映股东权益的收益水平，用以衡量企业运用自有资本的效率。该指标值越大，表明投资带来的收益越高。由于该指标的综合性最强，因此常用来评价企业盈利能力。

（三）营运能力分析

营运能力是指企业经营管理中利用资金运营的能力，主要表现为资产管理，即资产利用的效率。营运能力反映了企业的劳动效率和资金周转情况。人们通过对企业营运能力的分析，可以了解企业的营运状况和经营管理水平。劳动效率高，资金周转状况好，说明企业的经营管理水平高，资金利用效率高。

资产营运能力取决于资产的周转速度，通常用资产周转率和资产周转期来表示。资产周转率是企业在一定时期内资产的周转额与平均余额的比值，可以反映企业资产在一定时期的周转次数。资产周转期是周转次数的倒数与计算期天数的乘积，可以反映资产周转一次所需要的天数。其计算公式为：

资产周转率（周转次数）= 资产周转额 ÷ 资产平均余额

资产周转期（周转天数）= 计算期天数 ÷ 资产周转次数

= 资产平均余额 × 计算期天数 ÷ 资产周转额

评价企业营运能力的财务比率主要有应收账款周转率、存货周转率、流动资产周转率、固定资产周转率和总资产周转率等。

1. 应收账款周转率和应收账款周转天数

应收账款在流动资产中有着举足轻重的作用，及时收回应收账款不仅可以提高企业的短期偿债能力，还可以反映企业较强的应收账款管理水平。当今，应收账款周转率是评价应收账款流动性的重要财务比率。其计算公式为：

应收账款周转率 = 销售净额 ÷ 平均应收账款余额

平均应收账款余额 =（年初应收账款余额 + 年末应收账款余额）÷ 2

式中，销售净额可以从利润表中取数。

需要指出的是，上述公式中的应收账款包括会计核算中的应收账款和应收票据等全部赊销款项。如果应收账款余额的波动较大，就应当尽可能详细地加以计算，如按每月的应收账款余额来计算其平均占用额。

一般情况下，应收账款周转率越高越好。应收账款周转率高，表明企业收账迅速，账龄较短，资产流动性强，短期偿债能力强，可以减少收账费用和坏账损失。影响该指标计算正确性的因素有季节性经营、大量使用分期付款结算方式、大量使用现金结算、年末大量销售或年末销售大幅度下降。此外，应收账款周转率过高，可能是执行了比较严格的信用政策、信用标准和付款条件过于苛刻的结果，这会限制销售量的扩大，从而影响企业的盈利水平。这种情况往往表现为存货周转率同时偏低。如果企业的应收账款周转率过低，说明企业催收应收账款的效率太低，或者信用政策过于宽松，这会影响企业资金的利用效率和资金的正常周转。因此，人们在使用该指标进行分析时，应结合该企业前期指标、行业平均水平及其他类似企业的指标加以判断，并对该企业做出评价。

应收账款周转天数反映企业从取得应收账款的权利到收回款项，并将其转换为现金所需的时间。应收账款周转天数越短，反映企业的应收账款周转速度越快。其计算公式为：

应收账款周转天数 =360 ÷ 应收账款周转率

2. 存货周转率和存货周转天数

在流动资产中，存货所占比重一般较大，存货的流动性对流动资产的流动性影响很大。存货周转分析的目的是找出存货管理中的问题，使存货管理在保证生产经营正常进行的同时尽量节约营运资金，提高资金的使用效率，增强企业的短期偿债能力，促进企业管理水平的提高。存货周转率是评价存货流动性的重要财务比率，反映了存货的周转速度。其计算公式为：

存货周转率 = 销售成本 ÷ 平均存货余额

平均存货余额 =（期初存货余额 + 期末存货余额）÷ 2

式中，销售成本可以从利润表中取数。

存货周转率反映存货的周转速度，可以用来衡量企业的销售能力及其存货水平。一般情况下，存货周转率过高，表明存货变现速度快，周转额较大，资金占用水平较低；存货周转率低，常表明企业经营管理不善，销售状况不好，存货积压。存货周转率并非越高越好。存货周转率过高，也可能反映企业在存货管理方面存在一些问题，如存货水平太低，或采购次数过于频繁，批量太小等。

财务人员在对存货周转率进行分析时，除应分析批量因素、季节性因素外，还应对存货的结构和影响存货的重要项目进行深入调查和分析，并结合实际情况做出判断。

存货周转天数表示存货周转一次所经历的时间。存货周转天数越短，说明存货周转的速度越快。其计算公式为：

存货周转天数 =360 ÷ 存货周转率

3. 流动资产周转率和流动资产周转天数

流动资产在企业资产中占有重要地位，因而管理好流动资产对提高企业经济效益、实现财务管理目标具有重要作用。

流动资产周转率是销售净额与全部流动资产的平均余额的比值，是反映全部流动资产的利用效率的指标，其计算公式为：

流动资产周转率 = 销售净额 ÷ 全部流动资产的平均余额

全部流动资产的平均余额 =（流动资产期初余额 + 流动资产期末余额）÷ 2

一般情况下，流动资产周转率越高，表明以相同的流动资产完成的周转额越多，流动资产的利用效果越好。流动资产周转速度快，意味着企业相对节约流动资产或相对扩大资产投入，可增强企业的盈利能力；流动资产周转速度缓慢，意味着企业需要补充流动资产，从而降低企业的盈利能力。流动资产周转天数的计算公式为：

流动资产周转天数 =360 ÷ 流动资产周转率

4. 固定资产周转率和固定资产周转天数

固定资产周转率是销售净额与固定资产平均净值的比值，用于反映企业全部固定资产的周转情况，是衡量固定资产利用效率的一项指标。其相关计算公式为：

固定资产周转率 = 销售净额 ÷ 固定资产平均净值

固定资产平均净值 =（期初固定资产净值 + 期末固定资产净值）÷ 2

固定资产周转率主要用于对企业大型固定资产的利用效率进行分析。在一般情况下，固定资产周转率高，表明企业固定资产利用充分，固定资产投资得当，固定资产结构合理，能够充分发挥效率。固定资产周转天数的计算公式为：

固定资产周转天数 =360 ÷ 固定资产周转率

5. 总资产周转率和总资产周转天数

总资产周转率是企业销售净额与企业平均资产总额的比值，用于反映企业全部资产的利用效率。其计算公式为：

总资产周转率 = 销售净额 ÷ 平均资产总额

平均资产总额 =（期初资产总额 + 期末资产总额）÷ 2

通常情况下，总资产周转率越高，表明企业全部资产的使用效率越高，企业的销售能力越强。总资产周转天数的计算公式为：

总资产周转天数 =360 ÷ 总资产周转率

（四）发展能力分析

发展能力是指企业未来生产经营的发展趋势和发展水平。反映企业发展能力的指标主要有销售增长率、资本积累率和资产增长率。

1. 销售增长率

销售增长率是企业本年销售收入增长额占上年销售收入总额的百分比。其计算公式为：

销售增长率 = 本年销售收入增长额 ÷ 上年销售收入总额 × 100%

本年销售收入增长额 = 本年销售收入总额 − 上年销售收入总额

若销售增长率大于零，则表示企业本年的销售收入有较大的增长。该指标值越高，表明企业的增长速度越快，企业市场前景越好；若销售增长率小于零，则表示企业本年的销售收入有所减少，企业市场表现不好，对此，企业应查明原因，及时采取对策。

2. 资本积累率

资本积累率是企业年末所有者权益增长额占年初所有者权益的百分比。其计算公式为：

资本积累率 = 年末所有者权益增长额 ÷ 年初所有者权益 × 100%

年末所有者权益增长额 = 所有者权益期末总额 − 所有者权益期初总额

若资本积累率大于零，则表明企业的资本积累在增加，应对风险与持续发展的能力在增强；若资本积累率小于零，则表明企业的资本积累在缩减，应对风险与持续发展的能力在减弱。

3. 资产增长率

资产增长率是企业本年总资产增长额占年初资产总额的百分比。其计算公式为：

资产增长率 = 本年总资产增长额 ÷ 年初资产总额 × 100%

资产增长率是用来衡量企业资产规模增长幅度的财务指标。若资产增长率大于零，则表明企业本年度的资产规模扩大。资产增长率越大，说明企业资产规模扩大的速度越快。若资产增长率小于零，则表明企业本年度的资产规模有所缩小；若资产增长率为零，则表明企业本年度的资产规模不变。

二、财务综合分析

利用财务比率进行深入分析，虽然可以了解企业各个方面的财务状况，但无法了解企业各个方面财务状况之间的关系。为了弥补这一不足，分析人员可以将所有指标按其内在联系结合起来，以全面反映企业整体财务状况以及经营成果，对企业进行总体评价。财务综合分析，就是将各项财务指标作为一个整体，应用一个简洁明了的分析体系，系统、全面、综合地对企业财务状况和经营情况进行剖析、解释和评价，以对企业一定时期的财务状况和经营成果做出最综合和最概括的总体评价。财务综合分析方法有多种，最常用的是杜邦分析法与沃尔评分法。

（一）杜邦分析法

杜邦分析法又称杜邦财务分析体系，简称杜邦体系，是利用各主要财务比率指标之间的内在联系，对企业财务状况及经济效益进行综合系统分析评价的方法。该体系以净资产收益率为起点，以总资产净利率和权益乘数为基础，重点揭示企业盈利能力及权益乘数对净资产收益率的影响，以及各相关指标间的相互影响和作用关系。这一方法最初由美国杜邦企业成功应用，故得名。

杜邦分析法如图 8-1 所示。其分析关系式为：

净资产收益率 = 总资产净利率 × 权益乘数

= 销售净利率 × 总资产周转率 × 权益乘数

权益乘数 =1 ÷（1 －资产负债率）

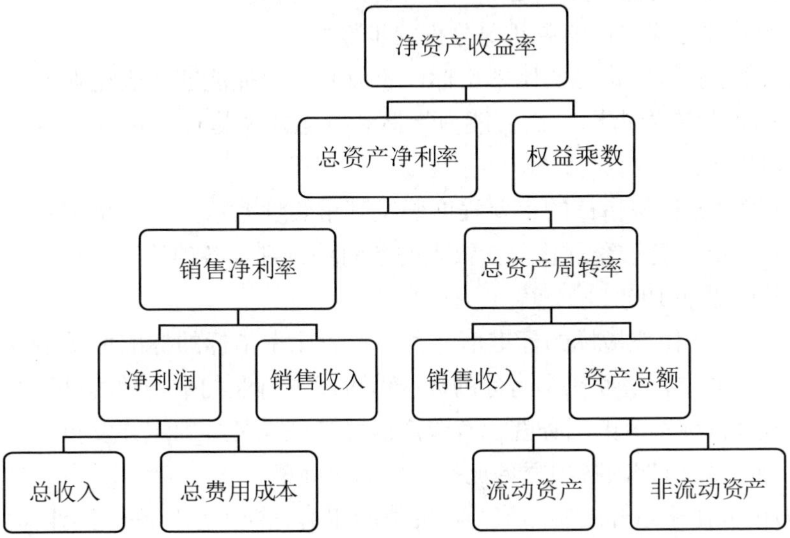

图 8-1　杜邦分析法

杜邦分析法主要包括净资产收益率、总资产净利率和权益乘数。杜邦分析法在揭示上述几种比率之间的关系之后，再将净利润、总资产进行层层分解，这样就可以全面、系统地揭示企业的财务状况，以及这一系统内部各个因素之间的相互关系。

人们从杜邦分析法中可以了解以下几个情况：

1）净资产收益率是一个综合性极强的财务比率。它是杜邦分析法的核心，反映了企业筹资、投资及资产运用等活动的效率。因此，企业所有者与经营者都非常关心这一财务比率。

2）销售净利率反映了企业净利润与销售收入之间的关系。要提高销售净利率主要有两种途径：一是扩大销售收入；二是努力降低成本费用。

3）总资产周转率是反映企业运用资产以实现销售收入能力的综合指标。人们可以从资产的构成比例是否恰当、资产的使用效率是否正常、资产的运用效果是否理想等方面对总资产周转率进行详细分析。

4）权益乘数可以反映所有者权益与总资产的关系。权益乘数越大，企业的负债程度就越高，既能给企业带来较大的杠杆利益，又能给企业带来较大的经营风险。企业只有合理确定负债比例，不断优化资本结构，才能有效地提高净资产收益率。

净资产收益率与企业的销售规模、成本水平、资本运营、资本结构等有密切的联系。这些相关因素构成一个相互依存的系统，只有使这个系统内的各相关因素相互协调，才能使净资产收益率最大。

（二）沃尔评分法

沃尔评分法是指企业先选定若干重要财务比率，然后根据财务比率的不同重要程度计算相应的分数，进而对企业财务状况进行分析的一种方法。沃尔评分法是由亚历山大·沃尔提出的。通常认为，企业在实际运用沃尔评分法时，应当考虑反映企业偿债能力、营运能力、盈利能力和发展能力的指标。除此之外，企业还应当考虑一些非财务指标。

企业运用沃尔评分法进行财务状况分析的步骤如下：

1）选定评价企业财务状况的比率指标。企业一般选择能够代表企业财务状况的重要指标。由于企业的盈利能力指标、偿债能力指标和营运能力指标等可以概括企业的基本财务状况，故可以从中选择。

2）根据各项财务比率指标的重要程度确定其重要性系数。一般根据企业经营状况、管理要求，以及企业所有者、经营者及债权人的意向综合判定各项比率指标的重要程度，但其重要性指数之和应等于 100。

3）确定各项财务比率指标的标准值。各项财务比率指标的标准值是指各种实际情况以及可预见的损失。通常，财务比率指标的标准值可以本行业的平均数为基础并加以修正。在我国，企业绩效评价标准值由国务院国有资产监督管理委员会确定并发布。

4）计算企业一定时期内各项财务比率指标的实际值。

5）计算各财务比率指标的实际值与标准值的比值，即关系比率。其计算公式为：

$$\text{关系比率} = \text{实际值} \div \text{标准值}$$

6）计算各项财务比率指标的得分并进行加总。各项财务比率指标的得分的计算公式为：

$$\text{财务比率指标的得分} = \text{重要性系数} \times \text{关系比率}$$

若各项财务比率指标的综合得分超过 100，则说明企业财务状况良好；若综合得分为 100 或接近 100，则说明企业财务状况基本良好；若综合得分不足 100 且与 100 有较大差距，则说明企业财务状况不佳，有待进一步改善。

需要指出的是，企业在评分时，需要规定各项财务比率指标的评分值的上限和下限，即最高评分值和最低评分值，以免个别指标的异常给总评分造成不合理的影响。其上限一般定为正常评分值的 1.5 倍，下限一般定为正常评分值的 0.5 倍。

三、经营杠杆与经营风险

（一）经营杠杆

经营杠杆是指由于固定性经营成本的存在，企业的资产报酬（息税前利润）变动率大于产销业务量（简称销量）变动率的现象。经营杠杆反映了资产报酬的波动性，用以评价企业的经营风险。用息税前利润（*EBIT*）表示资产总报酬，则：

$$EBIT = S - V - a = (P - V_C)Q - a = M - a$$

式中，$EBIT$ 表示息税前利润；S 表示销售收入；V 表示变动性经营成本；a 表示固定性经营成本；P 表示销售单价；Q 表示销量；V_C 表示单位变动成本；M 表示边际贡献。

影响息税前利润的因素包括产品售价、产品需求、产品成本等因素。当产品成本中存在固定成本时，如果其他条件不变，销量的增加虽然不会改变固定成本总额，但会降低单位产品分摊的固定成本，从而提高单位产品利润，使息税前利润的增长率大于销量的增长率，进而产生经营杠杆效应。当不存在固定性经营成本时，所有成本都是变动性经营成本，边际贡献等于息税前利润，此时息税前利润变动率与销量变动率完全一致。

（二）经营杠杆系数

只要企业存在固定性经营成本，就存在经营杠杆效应。但以不同销量为基础，其经营杠杆效应的大小程度是不一致的。测算经营杠杆效应程度，常用指标为经营杠杆系数。经营杠杆系数（*DOL*），是息税前利润变动率与销量变动率的比值，其计算公式为：

$$DOL = \frac{\Delta EBIT / EBIT_0}{\Delta Q / Q_0} = \frac{\Delta EBIT / EBIT_0}{\Delta S / S_0}$$

式中，DOL 表示经营杠杆系数；$\Delta EBIT$ 表示息税前利润变动额；$EBIT_0$ 表示基期息税前利润；Q_0 表示基期销量；ΔQ 表示产销业务量变动额；S_0 表示基期销售额；ΔS 表示销售变动额。

上式经整理，经营杠杆系数的计算公式也可以简化为：

$$DOL = \frac{Q_0(P - V_C)}{Q_0(P - V_C) - a} = \frac{EBIT_0 + a}{EBIT_0} = \frac{M_0}{M_0 - a} = \frac{M_0}{EBIT_0}$$

式中，Q_0 表示基期销量；P 表示销售单价；V_C 表示单位变动成本；a 表示固定性经营成本；M_0 表示基期边际贡献。

（三）经营杠杆与经营风险

经营风险是指企业由于生产经营上的原因而导致资产报酬波动的风险。引起企业经营风险的主要原因是市场需求和生产成本等因素的不确定性，经营杠杆本身并不是资产报酬不确定的根源，而是资产报酬波动的表现。但是，经营杠杆放大了市场和生产等因素变化对利润波动的影响。经营杠杆系数越高，表明息税前利润受产销量变动的影响程度越大，经营风险也就越大。根据经营杠杆系数的计算公式，有：

$$DOL=\frac{EBIT+a}{EBIT}=1+\frac{a}{EBIT}$$

上式表明，在息税前利润为正的前提下，经营杠杆系数最低为 1，不会为负数；只要有固定性经营成本存在，经营杠杆系数总是大于 1。

影响经营杠杆的因素包括企业成本结构中的固定成本比重、息税前利润水平。其中，息税前利润水平又受产品销量、销售单价、成本（单位变动成本和固定成本总额）的影响。固定成本比重越高、成本越高、产品销量和销售单价越低，经营杠杆效应越大；反之，则经营杠杆效应越小。

四、财务杠杆与财务风险

（一）财务杠杆

财务杠杆是指由于固定性资本成本的存在，而使得企业的普通股收益（或每股收益）变动率大于息税前利润变动率的现象。财务杠杆反映了权益资本报酬的波动性，用以评价企业的财务风险。用普通股收益或每股收益表示普通股权益资本报酬，则：

$$TE=(EBIT-I)\times(1-T)-D$$

$$EPS=[(EBIT-I)\times l(-T)-D]/N$$

式中，TE 表示普通股盈余；EPS 表示每股收益；I 表示债务资金利息；T 表示所得税税率；D 表示优先股股利；N 表示普通股股数。

影响普通股收益的因素包括资产报酬、资本成本、所得税税率等因素。当有利息费用等固定性资本成本存在时，如果其他条件不变，息税前利润的增加虽然不改变固定利息费用总额，但会降低 1 元息税前利润分摊的利息费用，从而提高每股收益，使得普通股收益的增长率大于息税前利润的增长率，进而产生财务杠杆效应。当不存在固定利息、股息等资本成本时，息税前利润就是利润总额，此时利润总额变动率与息税前利润变动率完全一致。如果两期所得税税率和普通股股数保持不变，每股盈余的变动率与利润总额变动率也完全一致，进而与息税前利润变动率一致。

（二）财务杠杆系数

只要企业融资方式中存在固定性资本成本，就存在财务杠杆效应。测算财务杠杆效应程度的常用指标为财务杠杆系数。财务杠杆系数（*DFL*）是普通股收益变动率与息税前利润变动率的比值，计算公式为：

$$DFL = \frac{\Delta EPS / EPS}{\Delta EBIT / EBIT}$$

式中，*DFL* 表示财务杠杆系数，*EPS* 表示基期的普通股每股收益，ΔEPS 表示普通股每股收益变动额。

如果企业既存在固定利息的债务，也存在固定股息的优先股，则财务杠杆系数的计算可以简化为：

$$DFL = \frac{EBIT}{EBIT - I - \frac{D}{1-T}}$$

（三）财务杠杆与财务风险

财务风险是指企业由于筹资等原因产生的资本成本负担而导致普通股收益波动的风险。引起企业财务风险的主要原因是资产报酬的不利变化和资本成本的固定负担。由于财务杠杆的作用，当企业的息税前利润下降时，企业仍然需要支付固定的资本成本，导致普通股剩余收益以更快的速度下降。

财务杠杆放大了资产报酬变化对普通股收益的影响，财务杠杆系数越高，表明普通股收益的波动程度越大，财务风险也就越大。在不存在优先股股利的情况下，财务杠杆系数的计算公式为：

$$DFL = 1 + \frac{I}{EBIT - I}$$

式中，分子（I）是企业筹资产生的固定性资本成本负担；分母（$EBIT - I$）是归属于股东的收益。上式表明，在企业有正的税后利润的前提下，财务杠杆系数最低为 1，不会为负数；只要有固定性资本成本存在，财务杠杆系数总是大于 1。

影响财务杠杆的因素包括企业资本结构中债务资金比重、普通股盈余水平、所得税税率水平。其中，普通股盈余水平又受息税前利润、固定性资本成本的影响。债务成本比重越高、固定性资本成本支付额越高、息税前利润水平越低，财务杠杆效应越大；反之，则财务杠杆效应越小。

五、总杠杆与公司风险

（一）总杠杆

经营杠杆和财务杠杆可以独自发挥作用，也可以综合发挥作用，总杠杆是用来反映两者之间共同作用结果的，即权益资本报酬与产销业务量之间的变动关系。由于固定性经营成本的存在，经营杠杆效应产生，导致产销业务量变动对息税前利润变动有放大作用；同样，由于固定性资本成本的存在，财务杠杆效应产生，导致息税前利润变动对普通股每股收益变动有放大作用。两种杠杆共同作用，将导致产销业务量稍有变动，就会引起普通股每股收益更大的变动。

总杠杆是指由于固定性经营成本和固定性资本成本的存在，导致普通股每股收益变动率大于产销业务量变动率的现象。

（二）总杠杆系数

只要企业同时存在固定性经营成本和固定性资本成本，就存在总杠杆效应。产销量变动通过息税前利润的变动，传至普通股收益，使每股收益发生更大的变动。用总杠杆系数（*DCL*）表示总杠杆效应程度，可见，总杠杆系数是经营杠杆系数和财务杠杆系数的乘积，是普通股收益变动率与产销量变动率的倍数，其计算公式为：

$$DCL=\frac{\Delta EPS/EPS}{\Delta Q/Q}=\frac{\Delta EPS/EPS}{\Delta S/S}=DOL\times DFL$$

上式经整理，总杠杆系数的计算也可以简化为：

$$DCL=\frac{M}{EBIT-I-d/(1-T)}$$

（三）总杠杆与公司风险

公司风险包括企业的经营风险和财务风险，反映了企业的整体风险。总杠杆系数反映了经营杠杆和财务杠杆之间的关系，用以评价企业的整体风险水平。在总杠杆系数一定的情况下，经营杠杆系数与财务杠杆系数此消彼长。总杠杆效应的意义在于：第一，能够说明产销业务量变动对普通股收益的影响，据以预测未来的每股收益水平；第二，揭示了财务管理的风险管理策略，即要保持一定的风险状况水平，需要维持一定的总杠杆系数，经营杠杆和财务杠杆可以有不同的组合。

固定资产比重较大的资本密集型企业，经营杠杆系数高，经营风险大，企业筹资主要依靠权益资本，以保持较小的财务杠杆系数和财务风险；变动成本比重较大的劳动密集型企业，经营杠杆系数低，经营风险小，企业筹资主要依靠债务资金，保持较大的财务杠杆系数和财务风险。

一般来说，在企业初创阶段，产品市场占有率低，产销业务量小，经营杠杆系数大，此时企业筹资主要依靠权益资本，在较低程度上使用财务杠杆；在企业扩张成熟期，产品市场占有率高，产销业务量大，经营杠杆系数小，此时，企业资本结构中可扩大债务资本比重，在较高程度上使用财务杠杆。

第三节　企业综合视角评价

在日常生活中，人们往往习惯于用财务指标去衡量一个企业的业绩表现，但财务指标是一种滞后的指标，不能指示企业的未来，并且会导致企业管理人员严重短视，阻碍对未来发展的投资，使公司丧失可持续发展能力。

一、企业决胜（评分）

在“企业资源计划”课程中，对企业的评价如何接近企业的真实价值，并且反映企业未来的发展和成长性，需要集中体现在总成绩计算法中。这就要在综合考虑各方面因素的基础上，定义企业决胜的算法，其计算公式为：

总成绩 = 所有者权益 ×（1+ 企业综合发展潜力 /100）

企业综合发展潜力要综合考虑企业目前的资产状况、产品研发水平、市场、所取得的认证资格等。

二、平衡计分卡

传统的基于财务报表的业绩评价，大多数离不开对财务指标的分析，虽然有助于认识企业的控制能力、获利能力、偿债能力、成长能力，但只能发现问题而不能提供解决问题的思路，只能做出评价而难以改善企业的状况。在现代市场竞争环境下，各种不确定因素对企业前景有较大影响，仅仅对一些财务指标进行分析，已经难以满足企业经营管理的需要。为了使企业应对顾客、竞争和变化，对企业经营业绩的评价必须突破单一的财务指标，采用包括财务指标和非财务指标的多元化指标体系，由此引发了对企业综合业绩评价制度的强势需求。综合业绩评价制度（The Balanced Score Card，BSC）即平衡计分卡是 Kaplan 和 Norton 等人从 1990 年开始进行的一个实地研究项目，目前已在美国很多企业、政府和军事机构中得到应用。如图 8-2 所示，平衡计分卡包括四个方面，即财务、客户、业务流程以及学习与成长，通过这四个方面的协调及相互影响，引导企业管理层对企业发展战略进行全方位的思考，确保日常业务运作与企业远景和经营战略保持一致。

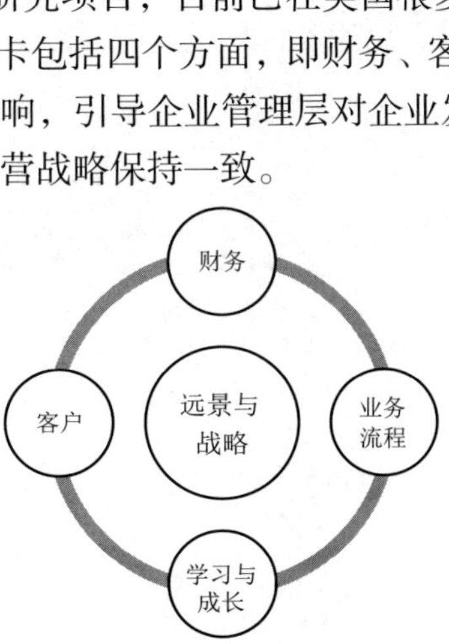

图 8-2　平衡计分卡

综合业绩评价制度将结果（如利润或现金流量）与原因（如客户或员工满意）联系在一起。财务是最终目标，客户是关键，企业内部业务流程是基础，企业学习与成长是核心。只有企业学习和成长了，才能持续改善企业内部业务流程，更好地为客户服务，从而实现企业最终的财务目标。综合业绩评价制度的重要性在于将战略、过程和管理人员联系在一起，提供一种综合的计划与控制系统。它是一种将超越数字的动态评价与静态评价相统一，将财务（货币）指标与非财务（非货币）指标相结合的革命性的业绩评价，也是推动企业可持续发展的业绩评价制度。

三、选择战略

在“企业资源计划”课程中，企业管理层通过市场预测资料获得一定时期有关产品、价格、市场发展情况的信息，结合企业现有资源情况，进行战略选择。企业需要考虑以下几个问题：

1）想成为什么样的公司？规模如何（大公司或小公司）？生产什么产品（多品种或少品种）？市场如何开拓（许多市场或少量市场）？努力成为市场领导者还是市场跟随者？为什么？

2）倾向于生产何种产品，进入何种市场？企业竞争的前提是资源有限，在很多情况下，放弃比不计代价地掠取更明智，因此需要管理者决定有限的资源是放在重点市场、重点产品投放，还是全面铺开。

3）计划怎样拓展生产设施？有四种生产设施可供企业选择，每种生产设施的购置价格、生产能力、灵活性等属性各不相同。企业如生产设施落后，若想提高生产能力，必须考虑更新设备。

4）企业计划采用怎样的融资策略？资金是企业运营的基础。企业融资方式是多种多样的，有长期贷款、短期贷款、应收账款贴现等。每种融资方式的特点及适用性有所不同，企业在制定战略时应结合企业的发展规划，做好融资规划，以保证企业的正常运营，控制资本成本。

参考文献

[1] 喻竹，等 . 电子沙盘应用教程（新道新商战）[M]. 北京：高等教育出版社，2016.

[2] 王鑫，等 .ERP 沙盘模拟实训 [M]. 长春：吉林大学出版社，2017.

[3] 崔杰，等 .ERP 企业模拟经营沙盘实训教程（第二版）（微课版）[M]. 北京：清华大学出版社， 2022.

[4] 梁伟，等 .ERP 沙盘模拟企业经营实训教程 [M]. 大连：东北财经大学出版社，2021.

[5] 崔晓敏，等 .ERP 沙盘模拟企业经营实训教程 [M]. 北京：机械工业出版社，2019.

[6] 王新玲 .ERP 沙盘模拟实训教程——手工 + 信息化 + 新商战（第 2 版）（微课版）[M]. 北京：清华大学出版社，2022.

[7] 刘勇 .ERP 沙盘模拟实训教程 [M]. 北京：经济管理出版社，2023.

[8] 郭宏，等 .ERP 沙盘模拟实训 [M]. 北京：经济管理出版社，2022.